삶을
변화시키는
7단계 강해설교준비

리처드 라메쉬 지음
이동원 목사 추천
정 현 옮김

Scripture Sculpture

Ramesh Richard

Copyright © 1996 TIMOTHY PUBLISHING HOUSE
a division of PAIDION MISSION
Translated and Published by Permmision
Printed in Korea
Copytight © 1995 by Ramesh Richard
Originally Published in English under the title
Scripture Sculpture
by Baker Books,
a division of Baker Book House Company,
Grand Rapids, Michigan, 49516, U.S.A.
All rights reserved

드립니다

아버지
존 리처드 목사님
하나님의 말씀을 아름다운 표현으로
가르치고 설교하기 위해
열심히 땀흘려 노력하시는 분

아버지는 배나 존경을 받기에 합당하십니다
(디모데전서 5:17)

감사의 글

철이 철을 날카롭게 하기에 달라스 신학교의 목회 사역부에 있는 나의 동료들, 그리고 여러 나라에서 가졌던 설교학 세미나에 참석해 주신 분들께 특별한 감사를 드립니다. 달라스 신학교의 동료들은 설교학의 체계를 세우는 데에 학문적 실험실을 제공해 주었고, 세미나에 참석해 주신 분들은 이 체계를 강단에서 적용했을 때의 실제적 효율성에 대해 검증을 해 주었습니다.

추천사

아마도 현대 강해 설교 운동의 헌복편에 선 가장 큰 기목(巨木)은 해든 로빈슨(Haddon Robinson)이라 할 것이다. 그의 그늘 아래 수많은 기라성 같은 설교가와 설교학자들이 일어나기 시작하였다.

그의 영향은 전세계의 예수 그리스도 교회의 강단에 보다 풍성한 주의 은혜가 임하게 하고 생수의 강 줄기를 넓히고 있다.

라메쉬 리처드는 로빈슨의 탁월한 후학(後學)의 한 사람으로 달라스 신학교의 강해설교의 굳건한 전통 위에서 제삼세계인의 뜨거운 심장을 결합시켜 매우 실제적이고 역동적인 설교학 강의를 창출하고 있다. 이 책은 그의 강의를 직접 경청할 기회가 없는 세계의 수 많은 설교자들에게 현대 강해설교를 체험케 하는 기회를 제공하고 있다.

오늘날 복음주의 신학권에서의 강해 설교운동은 하나의 유행처럼, 들풀처럼 번지고 있다. 그러나 아직도 "구체적으로 어떻게 설교를 조형할 것인가?"는 물음 앞에 설교자의 방황은 계속되고 있다. 리처드의 "삶을 변화시키는 7단계 강해설교"는 이런 물음에 대한 가장 확실한 실제적 대안이라고 할 수 있다.

이 책은 본문의 연구에서 설교의 선포에 이르는 설교의 조각과정을 마치 조각 예술가의 정교한 솜씨로 빚어내고 있는 이 시대를 향한 하나님의 또 하나의 선물이라고 믿어진다. 기쁨과 감사로 동역자들에게 이 책을 추천한다.

권능있는 설교의 영광이 이 시대의 어둠을 쫓아낼 것을 기대하면서.

함께 강단을 섬기는
이동원 드림

차례

서언 - 9
서론: 동기 부여, 강해설교의 정의, 과정에 대한 개요 - 15
성경으로 설교를 조각하는 과정 - 37
  1. 본문의 연구 설교 본문의 살 - 39
  2. 본문의 구조 설교 본문의 골격 - 69
  3. 본문의 중심 명제 설교 본문의 심장 - 89
  4. 목적의 다리 설교의 두뇌 - 105
  5. 설교의 중심 명제 설교의 심장 - 115
  6. 설교의 구조 설교의 골격 - 129
  7. 설교의 선포 설교의 살 - 179
부록 - 197
미주 - 255

서언

"내가 생각해 낸 가장 좋은 아이디어들은 옛날 사람들이 다 훔쳐가 버렸어!"라고 에머슨은 불평을 했다. 이러한 표절의 사례는 내가 경험했던 어떤 경우보다 설교 준비의 순서를 설명하는 데서 더욱 분명하게 나타난다. 오랜 역사를 가진 이 절도 행위는 내가 태어나기도 전부터 지성의 고속도로상에서 발생해 왔다. 크리소스톰, 어거스틴, 아퀴나스, 쯔빙글리, 칼빈, 녹스, 백스터, 웨슬리, 브룩스 또는 스펄전 같은 사람들의 수사학적 언어 구사와 설교의 영향력이 나의 언어 구사력과 영향력을 훔쳐갔다는 것 이외에 다른 어떤 방법으로 설명할 수 있겠는가?[1] 더 나아가 그들은 설교에 대한 자신의 생각의 원천이 어디인지 조차도 모르고 있는 것이다. 적어도 고속도로에서 절도를 당한 사람은 자신이 절도당했다는 사실을 안다. 그러나 나에게 이러한 일이 벌어지고 있었다는 것을 나는 몰랐었다. 인생은 참 불공평하다.

앞서간 사람들이 나의 생각들을 훔쳐간 것에 대해 고소를 마치고 나니, 나와 동시대에 살고 있는 사람들이 텔레파시를 이용하여 나의 생각을 유용하고 있다는 사실을 발견하게 된다. 지나칠 정도로 경쟁이

심한 학계와 출판계의 환경 속에, 나의 선배 교수님들과 동료 교수들이 내 생각을 가져다가 약간씩 말을 달리하여, 내가 출판할 기회를 얻기도 전에 책들을 팔고 있는 것이 현실이다. 그들은 내가 말하고 싶어 했던 것을 포착해서 훨씬 더 나은 모양새를 가지고 발표해 버렸다. 그런데 이제는 그들의 것을 내가 빌어다 쓰고 있는 듯이 보이게 되고 말았다. 현대의 수많은 목회자들과 설교자들의 훌륭한 설교학에 관한 글들과, 단상에서의 에너지를 그 누가 달리 어떻게 설명할 수 있겠는가? 다시 한번 말하지만, 나는 인생의 실패자이다. 인생은 불공평하다.

나의 이 가슴 아픈 사실을 독자들에게 털어 놓고 있다는 것 자체가 이미 나에게 위로가 되고 있다! 그러나 아래에 나오는 글의 내용에 대한 책임은 모두 나에게 있는 것이다.

달라스 신학 대학원의 터핀 도서관 BV 4211 칸에는 600권이 넘는 설교에 관한 책들이 꽂혀 있다. 설교의 역학과 원리에 관한 논문들을 첨가한다면, 주전 384년의 아리스토텔레스로부터 시작해서 1995년까지 쓰여진 글들이 천 개는 넘는다. 나는 모든 글들을 검토했고, 이 책도 그 영향력에서 완전히 독립된 새로운 공헌을 설교학계에 제공하고 있는 것이 아님은 너무도 분명하다. 오히려 이 책은 설교학 발전에 역행하는 길을 시작하고 있는지도 모른다. 그러나 어차피 인생은 불공평한 것이기에, 설교학의 대가들도 설교학에 관한 하찮은 의견들을 참고 살아야 할지도 모른다.

"표절의 조각들로 이루어진 잡동사니"[2]라고 말할 수 있는 이 책의 철학과 실습은 25년 동안 걸쳐온 개인적인 불완전한 모습을 반영해 주고 있다. 이 책은 인도 남부 지방에 있는 마드라스의 시장 바닥에서 외치기 시작한 설교 경험부터 시작하고 있다. 나는 성장기에 다니던 엠마누엘 감리 교회의 사무엘 카말레슨 목사님의 능력 있는 설교를 많이 듣게 되었다. 모래 해변에서, 전차 안에서 함께 설교하던 십대 때의 친구들의 격려가 이 책의 탄생에 일몫을 담당했다. 그리스도와 사역과 책을 사랑하시는 나의 아버지 존 리처드의 본이 되는 삶의 모습이 나에게 귀중한 유산이 되었다.

달라스 신학 대학원에서 나는 설교의 은사를 더욱 발전시키도록 강요를 당했다. 은혜로운 교수님들은 나의 설교 경험들을 새롭게 빚어주셨고 인정을 해주셨다. 나는 "강해설교 서론 603"이라고 불리는 아주 곤란한 사건이 있은 후에 해든 로빈슨 교수님이 하신 말씀을 결코 잊지 못할 것이다. 그분은 말씀하셨다: "미스터 리처드, 나는 자네의 설교를 듣고 싶은 강한 욕구가 없네." 이 말씀이 정말 나의 설교 준비와 전달 방법을 향상시키는 자극제가 된 것일까?

인도 북부 지방에 있는 델리 바이블 펠로우쉽 교회의 성도들이 보여준 강단 사역을 중요하게 여기는 목회에 대한 반응도 설교를 교회 생활 중에서 가장 중심이 되는 사역으로 그 중요성을 고양시킬 수 있도록 도움을 주었다. 봄베이로 이사를 간 한 가정은 이렇게 편지를 썼다:

> "봄베이는 기후적으로는 좀 온화하고, 인구 면에서 보면 더 복잡하고, 버스에 관해서는 더욱 질서가 있습니다. 그러나 매주 경험했던 성도의 교제와 매주 듣던 살아 있는 설교가 그립습니다. 두 교회의 예배에 참석해 보았습니다. 그러나 이렇게 말씀드려서 죄송하지만, 여기 교회들의 설교는 훌륭한 스카치를 마시고 난 후에 맥주를 마시는 기분입니다.
>
> 추신: 전혀 이해하실 수 없는 비유를 사용해서 죄송합니다."[3]

사역은 부흥하기 시작했고, 성경 공부 지도자에 대한 필요성의 증가로 나는 젊은이들에게 매주 설교를 준비하는 과정에 대해 공부를 시킬 수밖에 없게 되었다.

나는 세계 이곳 저곳을 다니면서 매주 사역을 해야만 하고 또 그 중에는 두 집단 이상의 회중에게 사역을 해야 하는 목회자들과 교회의 지도자들에게 말씀을 전하게 되었다. 이 분들은 설교에 대한 교육을 거의 받지 못했거나 전혀 받지 못한 분들이었다. 그러나 매주 설교를 해야하는 상황이었다. 그 분들은 부르심을 받고 은사를 부여받고 또 일을 맡은 분들이다. 이 분들에게 설교를 준비하는 과정을 전달해 줄 수 있는 방법이 있을까? 이 분들이 사용할 수 있는 좀 간단하고 문화적 장벽을 넘어서 사용될 수 있는 설교학 교과서가 혹 없을까?

달라스 신학 대학원은 나에게 또 다른 기회를 주었다. 설교학에 중점을 두고 있는 학교이기에, 나는 새로 자라나는 설교자와 목회자들에게 이 이슈를 정의하며 적용해 볼 수 있는 실험실을 제공받은 것이다. RREACH International(역자 주: 저자가 창설하고 책임을 맡고 있는 사역 기관으로 Ramesh Richard Evangelism And Church Helps 의 약어이다)은 경제적으로 아직 약한 나라들의 목회자들, 설교자들, 사고하는 사람들에게 설교술과 연구에 필요한 도구들, 그리고 사역에 필요한 자료들을 공급함으로 도움을 주고 있다.

나는 그 조직상 공생 관계에 놓여 있는 이 강단 위에서 세계의 어려운 나라의 목회자들과 지도자들을 위한 7단계 설교 준비 과정을 만들어 내게 되었다. 수백 명의 학생들과 전 세계적으로 열리고 있는 "삶을 변화시키는 7단계 강해설교준비(Scripture Sculpture)" 세미나에 참여한 수천 명의 목회자들의 결점들을 통해 작성된 방법이기 때문에, 본문을 가지고 해서는 안 되는 일이 무엇인지, 단상에서 해서는 안 되는 일이 무엇인지 나는 잘 알고 있다! 나는 나의 불완전함과 학생들의 약점들이 긍정적인 도움으로 전환되기를 바란다. 나는 다양한 문화에 속한 목회자들로부터 자신들이 평생 동안 지속적으로 매주 사용할 수 있는 설교 준비 과정을 익히게 되었다고 하는 소식을 들을 때마다 기쁨을 금할 길이 없다.

또한 4학년차 신학 대학원생들이(역자 주: 달라스 신학대학원은 신학 석사 과정〔Th. M.〕이 4년 과정으로 되어 있다) '이러한 설교 준비 방식은 지난 3년간 배운 뛰어난 설교 준비 과정을 실제 사역에 쓸 수 있도록 아주 잘 요약해 주고 있으며 전체적인 그림을 보여준다'는 반응을 보여 줄 때에 또한 기쁨을 느낀다.[4] 이 책은 설교에 경험이 많은 분들을 위해서 쓰여지지는 않았다. 그러나 그런 분들도 이 책의 유용성을 발견할 수 있으리라고 믿는다.

이 책은 세 부분으로 나뉘어져 있다. 서론은 강해설교의 정의와 강해설교 과정의 개관뿐 아니라 강해설교에 대한 동기 부여가 그 내용으로 되어 있다. 성경으로 설교를 조각하는 과정은 일곱 단계로 되어 있다. 그 일곱 단계는 강해설교에 대한 자습서로 사용될 수도 있다. 각 단계에는 "액션 스텝"이라고 되어 있는 부분들이 있다. 이 책의 내용을 최대한 바르게 이해하기 위해서는 액션 스텝이라고 되어 있는 부분들을 실제로 해봐야 한다. 항상 연필을 준비하고 천천히 그리고 집중해서 읽어 보도록 하라. 이 책의 공백을 연필로 가득 채우거나, 아니면 이 과정을 위한 공책을 따로 만들어서 열심히 연습하도록 하라. 이 책의 세 번째 부분인 부록은 구체적인 문제들(서론적인 것들과 기술적인 것들)을 다루고 있으며, 각 단계를 공부해 나가면서 필요에 따라 참조해도 좋을 것이다.

다른 경우와 마찬가지로, 설교하는 법을 배우는 과정은 노력과 집중과 실습을 필요로 한다. 설교를 준비하는 과정이 독자들의 삶의 일부가 되기를 소원한다. 생각하지 않고도 자연스럽게 이 방법을 사용하면서 설교를 준비할 수 있기를 바란다. 이 시스템을 숙지할 수 있는 방법을 하나 소개하겠다.

두 달 후에 설교할 본문을 하나 정하라. 앞으로 7주 동안 일주일에 하루를 정해 몇 시간씩 이 책에 제안된 설교 준비의 과정에 투자해 보라. 그리고 일주일에 한 단계씩 연구하라. 그 다음에는 다음 본문을 선택하라. 그리고는 일곱 단계의 과정을 세 주 반 동안 밟아 가라. 마지막으로, 전 과정을 일주일에 마쳐 보라. 이런 식으로 세 번 정도 하고 나면, 이제 당신 삶의 일부가 될 것이다. 자, 이제 성경으로 설교를 조각하는 방법을 소개해 본다.

서론:
동기 부여, 강해설교의 정의, 과정에 대한 개요

나이지리아 콰라 주의 일로린 시에 있는 콰라 호텔 옆에 있는 한 골동품점에 가면 다니엘이라는 조각가가 만든 우아한 나무 조각들을 볼 수 있다. 뛰어난 조각가인 다니엘은 가장 좋은 마호가니나무를 가지고 그야말로 "영원한 아름다움을 간직한(또한 어떤이들에게는 기쁨을 선사하는) 작품"으로 변환시키는 일을 한다.

다니엘이 또 다른 나무 조각을 가져다가 조각하는 모습을 볼 수 있는 기회가 내게 주어졌다. 그의 손에 들린 나무에는 "촉망되는 장래"가 있었다. 나무 조각품을 만드는 일은 예술인 동시에 과학이다. 나무 조각에 있어서 과학적인 기술은 모든 조각가들의 공유물이다. 그러나 진정 아름다운 작품을 만들기 위해서는 예술적인 능력이 요구된다. 다니엘의 작품들은 그 하나 하나가 다 그의 예술적인 능력과 훈련과 작품에 대한 헌신을 대변해 주고 있었다.

다니엘은 대화 가운데 자신이 작품을 만드는 과정을 천재적으로 묘사했다: "나무는 하나님께서 만드신 것입니다. 조각품은 하나님께서 만드신 것을 가지고 저 다니엘이 만들어 내는 것입니다."

다니엘의 이 통찰력 깊은 설명을 들으면서, 나는 강해설교를 준비하며 선포하는 과정과 다니엘이 조각을 해 나가는 과정 속에 많은 유사점들이 있음을 발견하게 되었다. 성경은 하나님께서 만드신 것이다. 설교는 하나님께서 만드신 것을 가지고 우리가 만들어 내는 작품이다.

방법론을 모방하는 것은 쉽다. 많은 훌륭한 설교가들의 설교는 그 내용과 전달에 있어서 유사점들을 많이 가지고 있다. 그러나 예술로서의 설교는 당신 자신의 독특함을 지니게 된다. 은사와 훈련과 열심을 함께 묶어서 자신의 고유한 설교를 창출해 낼 수 있게 된다.

물론 나무 조각과 설교 사이에는 커다란 차이가 있다. 생명! 바로 이것이다. 조각의 예술은 생명이 있는 나무를 이제는 활력이 없는 하나의 조각품으로 변화시킨다. 당신의 설교는 살아 계신 하나님의 보살피심 가운데, 살아 있는 하나님의 말씀을 성도들의 가슴 속에 생명을 전달하며 창조해 내는 설교로 변환시키게 된다. 설교는 영원한 아름다움과 기쁨 이상의 것이다. 설교는 영원한 생명에 관한 것이다.

성경은 하나님께서 만드신 것이다.
설교는 하나님께서 만드신 것을 가지고
우리가 만들어 내는 작품이다.

강해설교의 필요성

불행하게도 성경은 하나님께서 만드신 것이라는 사실을 믿지 않는 설교자들이 종종 있다. 중생을 체험하지 못한 설교자들도 곳곳에 널려 있다. 그들은 하나님의 말씀도 믿지 않고, 말씀 속의 하나님도 믿지 않는다. 나와 정기적으로 편지를 교환하는 한 주교가 있는데, 이 분은 아주 훌륭한 하나님의 사람이다. 그런데 그 분의 주위에는 중생을 체험하지 못한 사제들이 가득하다고 한다. 그 사제들은 이 주교의 복음주의적인 입장 때문에 오히려 이 주교를 제거하려는 위협까지 가했다고 한다. 그들은 성경이 하나님께서 만든 것이라는 사실을 믿지 않는 사람들이다.

또 어떤 설교자들은 성경 없이도 설교를 할 수 있다고 믿는다. 그들은 그저 생활 속의 이야기들이나 강단에서 쓸 만한 뉴스거리를 찾느라고 정신이 없다. 일반적으로 이러한 설교들은 스포츠, 음악, 정치 또는 문화 등의 뉴스에서 발췌된 예화들로 가득 차 있으며, 성경적인 내용은 거의 미미한 정도이다. 아시아의 큰 도시에 사는 한 성도는 자기 목사님의 설교에 성경적인 내용이 결여되어 있다는 사실을 꼬집어서 개탄을 했다. "우리 목사님은 성경이 우리들의 정신 수준에도 못미친다고 생각하는 모양이예요! 그 목사님은 양을 먹이는 게 아녜요. 기린들을 앞에 놓고 연설을 하는 거예요."

또 어떤 설교자들은 설교를 준비하는 데에 열심을 낼 필요가 없다고 생각을 한다. 강단 사역을 위해 별 신경을 쓰지 않는다. 이러한 목회자들은 설교를 시작할 바로 그 순간에 하늘로부터 소위 즉석 영감을 계시받는다는 식의 생각들을 하고 있다. 이러한 설교 철학을 가지고 있던 한 친구 목사님이 마지막 순간에 하늘로부터 떨어지는 계시의 충격을 강단에 서서 기다리고 있었다. 침묵의 시간이 흐르고 있었다. 그는 하나님께서 하나님의 종들에게 하늘의 메시지로 채워 주실 것이라는 약속을 부여잡고는 하나님과의 대화를 나누고 있었다. 또 침묵이

흘렸다. 급기야 비참할 정도로 곤경에 빠지게 된 이 목사님은 하나님께 간청을 했다. "하나님, 오늘 아침 메시지에 대해 뭔가 한 말씀 해주세요." 그러자 하나님께서 응답하셨다. "아들아, 그래, 너는 설교를 준비하지 않았구나!"

마지막으로, 어떤 목회자들은 사역의 가장 주요 요소인 설교를 간과해 버리고 만다. 사역의 우선 순위인 말씀 선포를 포기하고는 사람들에게 도움을 주는 일이나 상담 사역, 또는 심방이나 경조사에 오히려 우선 순위를 두는 실수를 범한다. 성경 말씀을 선포하는 사역은 이제 목회자의 여러 가지 사역 중에 부차적인 것이 되어 버리고, 사회적으로 급한 일들을 처리하는 것에 설교자의 정력이 다 빼앗기고 마는 결과가 벌어지게 된다.

어느 주일 아침 예배를 마치고 돌아온 친구에게 나는 목사님이 무엇에 대해 설교를 하셨냐고 물어 보았다. 그러자 "그리스도인들이 꼭 사용해야 하는 세 개의 단어"가 설교의 주제였다고 답을 했다. "그 세 단어가 무엇이냐"고 물었다. 친구가 답을 했다. "감사합니다, 실례합니다, 죄송합니다"의 세 단어라고.

이러한 사회 예절을 배우는 것 자체가 잘못된 것은 전혀 아니겠지만, 그런 것들을 배우기 위해서 교회에 갈 필요는 없다. 어떤 목사가 제직 회의에서 예절 바른 대화가 오고가기를 원치 아니하겠는가! 그러나 이런 것들이 주일 예배의 주된 메시지라고 한다면, 설교자나 온 성도가 다 영적으로 아사를 당하게 될 것이다.

이 책의 목적은 이와 같은 강단의 영양 결핍증을 극복할 수 있도록 도움을 주고 강해설교를 삶과 사역의 방법으로 추구하도록 초청하는 데에 있다.

강해설교의 효과 /능력

강해설교는 당신의 삶에 강한 충격을 줄 것이다. 강해설교는

- 하나님의 말씀을 향한 지속적인 훈련을 통해, 말씀에 대한 지식과 순종의 측면에서 개인적인 성숙을 경험하게 해줄 것이다.
- 매주일 설교 본문을 선택하기 위해 낭비했던 시간과 정력을 절약할 수 있게 될 것이다.
- 당신이 "전공"이라고 생각했던 영역과 선호했던 주제들에 균형을 가져다 주며, 성경 전체에 나타난 폭넓은 하나님의 뜻을 다룰 수 있게 해줄 것이다.

강해설교는 또한 성도들의 삶에도 강한 충격을 줄 것이다. 그 이유는

- 강해설교는 본문에 충실하며 사역의 현장에 적절한 말씀 선포를 가능케 해주기 때문이다.
- 강해설교는 하나님을 향해 또 사역에 대해 변함없이 충성할 수 있도록 성도들을 구비시키며 능력을 공급할 수 있는 전략을 제공해주기 때문이다.
- 강해설교는 특정한 개인이나 집단을 향해 설교하는 경향을 극복하게 해주며 또 그러한 비난으로부터 보호해 주기 때문이다.
- 강해설교는 혹 개인적으로 별로 좋아하지 않는 말씀들을 슬쩍

뛰어넘고자 하는 유혹을 억제해 주기 때문이다.
- 강해설교는 목회자가 바쁜 일정과 복잡하고 다양한 사역 가운데서도 사역의 목적과 방향이 흐트러지지 않도록 해주기 때문이다.
- 강해설교는 설교 중에 목회자가 하나님 말씀의 권위 아래 지속적으로 순종하게 함으로써 목회 사역의 권위를 증진시켜 주기 때문이다.
- 강해설교는 그 주일의 메시지와 교회에서 일어나는 일을 접목시킬 수 있게 해주기 때문이다.
- 강해설교는 목회자의 눈에 비쳐진 회중에게 하나님의 뜻을 전달할 수 있도록 해주기 때문이다.
- 강해설교는 성도들에게 교회 전체의 비전을 제시하고, 그 비전의 성취를 위해 자원해서 일할 일꾼들을 발견할 수 있게 해주기 때문이다.
- 강해설교는 교회의 프로그램들을 하나님의 인정하심 속에서 실천에 옮길 수 있도록 동기를 부여해 주기 때문이다.
- 강해설교는 교회에 어떤 변화가 요구될 때에 필요한 성경적인 근거를 제시할 수 있기 때문이다.
- 강해설교는 현재와 장래의 교사들에게 효과적인 사역의 모델을 제시해 주기 때문이다.
- 강해설교는 교회 전체의 영적 성숙을 위한 전략의 개요를 제시해 주기 때문이다.
- 성도들에게 성경적인 지식을 풍성하게 해주기 때문이다.

기본적으로 강해설교는 목회자들로 하여금 하나님의 백성들을 위한 하나님의 계획을 발전시킬 수 있도록 해준다.

그러기에 설교를 준비하는 과정은 예술이요, 과학이요, 훈련이며, 관계이다. 효과적인 설교는 영적인 역동력과 하나님 말씀에 몰두하는 기술이 결합될 때에 생겨나는 결과이다. 설교 준비의 역동력은 말씀을 허락하신 주님과 설교자의 관계에 의해 결정된다. 설교 준비는 본문을 처음 대하는 순간부터 기도로 일관되며, 성령님의 도우심 속에 이루어지는 심각한 과제이다.

이 책은 설교를 준비하는 기술, 즉 말씀을 근거로 설교를 조각해 나가는 예술적인 면과 과학적인 면만 국한하여 다루기로 한다.

강해설교의 정의

강해설교는 성경과 성도들에 관한 것이다. 강해설교에 대한 훌륭한 정의들이 많이 나와 있다.[1] 필자의 정의를 소개해 본다.

강해설교란 올바른 해석 방법을 통해 얻어진 성경 본문의 중심 명제를, 경건한 삶을 추구할 수 있도록 지성을 깨우치며 가슴에 호소하여 삶을 변화시킬 목적으로 효과적인 의사 전달의 방법을 통해 현실에 맞게 전달하는 것이다.

이 정의의 각 부분들은 우리로 하여금 강해적인 연구를 이해하는 데에 여러 각도에서 또한 여러 차원에서 많은 도움을 줄 것이다.

강해설교의 내용

본문 강해의 주된 내용을 강조하기 위해 다시 한번 강해설교의 정의를 살펴보도록 하자. 강해설교란 올바른 해석 방법을 통해 얻어진 성경 본문의 중심 명제를, 경건한 삶을 추구할 수 있도록 지성을 깨우치며 가슴에 호소하여 삶을 변화시킬 목적으로 효과적인 의사 전달의 방법을 통해 현실에 맞게 전달하는 것이다.

현대 삼각에 맞게

성경 말씀을 현실에 맞게 변환시키는 것이 강해 설교자의 주된 임무이다. 수세기 전에 쓰여진 말씀을 오늘의 성도들이 이해할 수 있도록 현실화시켜야 한다. 성경을 새로운 내용으로 개정한다는 뜻은 아니다. 성경 말씀은 이미 우리 사람들이 경험하는 문제들에 대한 답들을 가지고 있다. 설교자는 하나님께서 선언하신 바들을 자기 주위의 성도들이 잘 알아들을 수 있도록 전해 주어야 한다. 강해설교는 하나님께서 오늘 우리에게 무엇을 기대하고 계시는가를 전달해 준다.

설교자는 두 개의 다른 현실에 부딪히게 된다. 수세기 전의 성경 본문의 현실과 오늘 우리가 살고 있는 현실이다. 어떤 설교자들은 본문을 강조하지만, 오늘의 현실에 어떠한 의미를 갖게 되는가는 잘 알려주지 못한다. 다른 설교자들은 현실의 상황만을 강조한 나머지 본문에 충실치 못하게 된다. 성경을 주석하는 사람들은 하나님께서 그 때에 무엇을 말씀하셨는가를 알아내기 위해 성경 본문의 뜻을 연구한다. 성경적인 설교자는 창조적인 대화를 통해, 또한 본문과 현실 사이의 균형점을 찾아가면서 성경의 의미를 오늘날 우리에게 전달하는 일을 한다. 성경적인 설교자는 과거의 성경 본문이나 오늘의 현실, 그 어느 것도 무시하거나 타협하지 아니한다. 아래에 현실에 맞게 성경 본문을 변환시키는 과정을 도표화 해 놓았다.

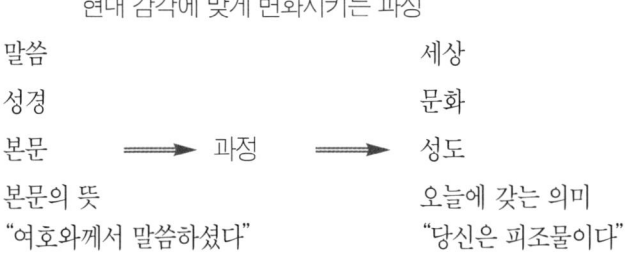

설교 본문의 중심 명제

　강해설교의 역사를 통해(의사 전달 이론의 역사도 마찬가지로) 대부분의 설교학자들은 한 개의 중심 명제가 설교 전체에 파고들어가야 한다는 확신을 가지고 있다. 어디서 또 어떻게 이 중심 명제를 얻게 되는가에는 의견의 차이가 있다.

　성경을 강해할 때 설교 전체를 파고드는 중심 주제를 얻을 수 있는 원천은 두 가지가 있다. 설교자 자신이 될 수도 있고, 아니면 성경 본문 자체가 될 수도 있다. 주제별 설교에 있어서는 설교자가 주제를 정하고 난 후에 성경 본문을 가지고 자신이 설정한 주제를 뒷받침하도록 한다. 본문(또는 강해) 설교의 경우에는, 본문 자체가 주제를 제공해 준다. 다음의 도표는 주제별 설교와 본문 설교의 특성과 장점 및 약점들을 보여준다.

성경 강해의 종류

	주제별 설교	본문 설교
특성	• 설교자가 주제를 선정하고 설교의 전개를 결정함	• 본문 자체가 설교의 주제를 제공하며, 설교의 목적, 범위 및 준비 과정을 결정해 줌
장점	• 직접적인 적용의 효율성 • 상대적인 준비의 용이성	• 장기적인 적용의 효율성 • 설교자의 훈련을 요구 • 다음 설교의 본문이 자동적으로 결정됨
약점	• 설교자가 성경 본문을 잘못 해석할 수 있는 위험 • 매번 주제의 선택에 많은 시간이 낭비됨	• 설교자가 성경 본문의 지배를 받게 됨 • 설교자의 훈련을 요구 • 설교자가 주석적으로 세부적인 것에 얽매이게 되는 위험

"강해"라는 단어는 expositio(-onis)라고 하는 라틴어원에서 유래된 복합적인 양상을 지니고 있는 단어이다. 성경적인 강해는 성경을 성도들에게 또한 성도들을 성경에게 설명해 주며, 표현해 주며, 노출시켜 주는 과정이다. 본문 강해는 성경 본문의 의미와 그 본문이 현재의 삶 속에 갖게 되는 중요성을 설명해 주는 것이다. 본문 강해는 하나의 주제를 설교 속에 엮어서 제시해 준다. 동시에 현대의 성도들을 특정한 본문 속에서 발견되는 하나님의 진리와 주장하시는 바에 노출시켜 주기도 한다.

본문 설교의 내용에 관해 물어 보아야 할 세 가지 질문

본문의 의미를 설명했는가?
분명하고도 성도들이 알아들을 수 있는 말로
본문의 중심 명제를 표현했는가?
진리 전달과 순종의 목적을 가지고 성도들을
하나님의 진리와 주장하시는 바에 노출시켜 주었는가?

강해설교의 방법

여기서는 강해설교의 과정에 대해서 다루기로 한다. 설교자가 강해설교를 준비하며 본문의 중심 명제를 전달하는 과정의 시각에서 강해설교의 정의를 살펴보도록 하자. 강해설교란 올바른 해석 방법을 통해 얻어진 성경 본문의 중심 명제를, 경건한 삶을 추구할 수 있도록 지성을 깨우치며, 가슴에 호소하여 삶을 변화시킬 목적으로 효과적인 의사 전달의 방법을 통해 현실에 맞게 전달하는 것이다.

해석

올바른 해석의 방법에 대한 주된 기준은 한 주어진 본문에 대한 그 성경의 저자와, 그 성경의 원래의 독자들의 이해와, 성경을 해석하는 사람의 이해 사이에 신뢰할 만한 연관성이 있어야 한다는 것이다. 제1단계에서는 이 과정을 상세하게 취급하게 될 것이다.

실제로, 우리는 우리가 원하는 것을 성경이 말하는 것이라고 얼마든지 주장할 수 있다. 중요한 질문은 바로 이것이다: "당신은 성경이 말씀하고 있는 바를 말하고 있는가?" 예를 들면 언젠가 누가복음 19:29-40을 본문으로 하는 아주 훌륭한 설교를 들은 적이 있다.

예수님과 나귀 새끼

Ⅰ. 당신은 나귀 새끼와 같습니다(29-30절)
    A. 당신은 실제 당신의 주인이 아닌 다른 사람에게 지금 묶여 있습니다(30절 상)
    B. 당신은 아직도 젊습니다 – 아무도 아직 당신을 타 보지 않았습니다(30절 중)

Ⅱ. 예수님께서 당신에게 자유하라고 명령하셨습니다(30절 하)
    A. 예수님께서는 당신의 제자들을 통해 당신을 풀어 주셨습니다(31-32절)
    B. 당신이 그리스도를 섬기기 위해 자유함을 얻게 될 때에 많은 사람들의 반대가 있게 마련입니다(33절)
    C. 그러나 주님께서는 당신을 필요로 하십니다(34절)

Ⅲ. 당신은 그리스도의 나귀 새끼입니까?(35-40절)
    A. 주님께서 당신 위에 올라앉아 계십니까?
    B. 당신은 주님께 찬양을 돌려 드리며 살아갑니까?

이 본문으로 위와 같이 설교할 수 있다고 생각하는가? 이미 많은 분들이 이런 식으로 설교를 해왔다! 이러한 해석이 본문에 충실한 해석인가? 아니다! 왜? 이와 같은 비판적인 질문을 해보라: "이러한 교훈이 본래의 저자가 의도했던 바이며, 원래의 독자들이 이 본문을 통해 이해했던 바인가?" 이러한 설교는 "도덕주의적"인 설교이다. "도덕주의적"인 설교에는 몇 가지 문제점들이 있다.

이러한 교훈들을 얻어 내기 위해서는 굳이 성경을 본문으로 삼을 필요가 없다. 사람들이 지어낸 어떠한 이야기에도 도덕적인 가르침들은 있다. 어떤 문화에도 사람들의 행동과 몸가짐을 선도할 수 있는 나름대로의 비유들이나 전해 오는 민속적인 이야기들이 있다. 성경의 기록들은 성령 하나님께서 인간 저자들을 사용하셔서 본문을 통해 당신의 뜻을 전하시며 원래의 독자들에게 이해하도록 하셨다는 점에서 일반 문화의 산물로서의 이야기들과는 차이를 갖게 된다. 도덕주의는 성경을 단순히 좋은 이야기로 전락시켜 버린다.

모든 본문이 좀더 높은 도덕적 원리를 위한 예화로 전락되어 버린다. 본문은 제시되는 원리의 원천이 아닌 하나의 예화거리가 되어 버리고 만다. 이 "나귀 새끼"의 사건에 있어서 설교자는 나귀 새끼가 사람을 대변하는 예화의 매체라고 이해하고 만 것이다.

성경적인 뒷받침이 결여되어 있다. 본문의 어디로부터 나귀 새끼를 사람으로 이해하라는 허락을 받았는가? 또는 다윗과 골리앗의 사건을 가지고 성도들이 거인같이 커다란 문제를 경험하게 된다고 설교하는 경우도 있다. 그러나 이러한 예화적인 접근은 실패하고 말게 된다. 왜냐하면, 넘어진 골리앗은 다시 일어서지 못하기 때문이다. 그러나 성도들이 경험하는 문제는 정기적으로 나타나는 부활의 능력을 가지고 있지 않은가! 예화적인 접근은 성경적인 뒷받침을 갖고 있지 못하다는 증거이다. 성경의 저자가 본문을 그러한 의미로 의도했다는 증거를 본문 자체에서 발견하기 전까지는 그러한 해석은 아무런 권위를 갖지 못하게 된다.

도덕주의적 해석은 객관성이 결핍되어 있다. 한 본문을 가지고 이러한 해석을 시도한다면, 설교자마다 각기 다 다른 해석을 주장할 수 있게 된다. 그들이 주장하는 해석의 결론을 증명할 만한 것은 전혀 없다. 왜 세 개가 아니고 다섯 개의 요지가 맞는지, 아니면 일곱 개의 요지보다는 두 개의 요지가 맞는 것인지에 대한 근거가 없게 된다.

설교의 중심 명제가 본문의 중심 명제로부터 도출되지 못하게 된다. 설교자의 해석이(또 그 결과로 설교의 강조점이) 임의적으로 되어 버리고 만다면, 성도들은 설교란 본문에 대한 설교자의 임의적인 장난에 지나지 않는다고 생각하게 된다.

올바른 해석의 방법이 설교의 중추를 이루어야 한다. 설교자는 말씀의 강해자가 되기 전에 먼저는 말씀의 주석자가 되어야 한다.

설교의 전달

올바른 해석의 방법이 본문에 대한 저자와 원독자들의 이해에 관한 것이라고 한다면, 설교의 전달은 설교자와 설교를 전해 듣는 성도들의 본문에 대한 이해와 관련을 갖게 된다.

예를 들어, 나는 친구와 함께 극동 지방에 가서 지역 교회의 지도자 양육 계획에 관한 세미나를 한 적이 있다. 내 친구가 먼저 왜 계획이 필요한가에 대한 강의를 했다. 그의 첫번째 대지는 하나님께서 계획을 하셨기 때문에 우리도 계획을 세워야 한다는 것이었다. 하나님께서는 창조와 구속과 왕국을 계획하셨다. 그러므로 우리도 계획을 세워야 한다는 것이다.

여기서 문제점은 내 친구가 청중들의 진리에 대한 이해 여부를 전혀 고려하지 않았다는 데에 있다. 그들이 가지고 있는 세계관, 선입관, 가치관 그리고 믿고 있는 바 등이 모두 내 친구가 전하려고 하는 바를 이해하는 데에 방해가 되고 있었던 것이다. 불행하게도 그 청중들이 하나님의 계획에 대한 내 친구의 강의를 다 듣고 나서 내린 결론은 내 친구의 의도와는 전혀 반대되는 결론이었다. 그들은 이렇게 반문을 했다: "만일 하나님께서 계획을 세우신다면, 우리가 계획을 세울 필요가 무엇이 있겠는가?" 효과적으로 설교를 전달하기 위해서는, 성도들의 세계관, 사고하는 방법, 또 그들의 문화를 잘 이해해야 한다. 그리고 비유와 예화, 적절한 스타일과 전달 방법, 또 적절한 적용 등을 통해서 그들이 말씀에 순종할 수 있도록 유도할 수 있어야 한다. 여기에 관한 문제들은 제6단계의 과정에서 좀더 알아보도록 하자.

강해설교의 목적

왜 강해설교를 해야 하는가는 그 목적과 직결된다. 강해설교를 준비하며 전달하는 목적이 무엇인가? 앞에서 제시했던 강해설교의 정의를 다시 한번 상기해 보자. 강해설교란 올바른 해석 방법을 통해 얻어진 성경 본문의 중심 명제를, 경건한 삶을 추구할 수 있도록 **지성을 깨우치며 가슴에 호소하여 삶을 변화시킬 목적으로 효과적인 의사 전달의 방법을 통해 현실에 맞게 전달하는 것**이다.

강해설교의 필요성은 그리스도인들의 삶의 지적, 정서적, 그리고 의지적인 면들을 직접 다루고 있다.

지성을 깨우친다

설교를 듣고 난 결과로, 성도들은 하나님의 진리에 대해 무언가를 알게 되고 또 이해하게 되어야 한다. 일반적으로 이 지식은 설교의 중심 명제와 깊은 관련을 갖게 된다. 만일 우리가 전한 설교의 결과로 성도들이 하나님께서 하시는 말씀과 또 그들의 삶 속에 무엇을 원하시는가를 깨닫는 일이 벌어지지 않는다면, 우리는 있으나 마나 한 존재가 되고 만다. 주님께서도 우리의 마음(지성)을 다하여 하나님을 사랑할 것을 그 제일되는 계명 가운데 말씀하셨다(마태복음 22:36-37을 보라).

가슴에 호소한다

우리가 내리는 모든 결정들이 오직 합리적인 판단에 근거해서 내려지는 것은 아니다. 중요한 결정을 할 때는 감정적인 요소도 커다란 역할을 감당하게 된다. 그러나 감정에만 호소해서는 안 될 것이다. 성도들의 지성에 하나님의 진리를 공급하면서 가슴에 호소해야 한다. 강해설교를 통해서 감정의 총본부인 가슴에 호소하는 것은 가능한 일이며, 또한 필요한 작업이다. 설교자는 성도들이 열심을 품고 하나님 말씀을 순종할 수 있도록 해주어야 한다. 만일 하나님의 말씀이 성도들의 가슴에 직접 호소했다면, 이 때 성도들이 경험하는 감정은 피상적인 것이나 인위적인 것이 아님을 우리는 확신할 수 있게 된다. 우리의 설교의 결과로 성도들이 무엇인가를 느끼며, 하고자 하는 의욕 즉, 하나님의 진리에 대한 개인적인 순종의 필요성을 느끼며 실천할 수 있어야 한다.

삶에 변화를 가져온다

좋은 설교의 참된 평가는 그 설교가 가져오는 삶 속의 변화를 통해 내려지게 된다. 성경은 삶의 변화를 가져오기 위한 목적을 가지고 우리에게 주어졌다(디모데후서 3:16-17). 믿음 뒤에는 행위가 따르게 되어 있다(야고보서). 우리의 설교의 결과로 성도들은 뭔가를 하게 된다. 순종하기 시작한다. 경건함은 그들의 삶을 통해 나타나게 된다. 즉, 강단은 새로운 지식과 정보만을 제시하는 곳이 아니다. 강단은 말씀의 선포와, 성도들이 경건한 삶을 살 수 있도록 동기를 자극하는 곳이 되어야 한다. 성경의 어느 부분이 설교를 통해 선포되든, 성도들이 하나님께서 그들의 삶 속에 무엇을 원하시는지, 또 어떻게 하나님의 명령을 순종할 수 있는지를 깨닫게 해주어야 한다. 설교는 분명코 경건한 생활을 그 목적으로 삼아야 한다.

나는 뉴델리에 있는 성도들에게 약속한 바가 있다. "만일 하나님 말씀을 중심으로 함께 모여서 시간을 보냈음에도 불구하고, 뭔가 새로운 진리와 새로운 감정의 자극, 새로운 삶의 변화를 발견하지 못하게 된다면, 우리는 교회의 문을 닫아야 합니다"라고.

본문에서 설교로

본문을 가지고 설교로 변화시키는 말씀의 조각을 해나가는 데 필요한 일곱 단계를 소개한다. 이 일곱 단계를 외우기를 바란다.

말씀 조각 과정의 일곱 단계

7 설교의 선포	"살"
6 설교의 구조	"골격"
5 설교의 중심 명제	"심장"
4 목적의 다리	"두뇌"
3 본문의 중심 명제	"심장"
2 본문의 구조	"골격"
1 본문의 연구	"살"

도표의 오른쪽에 매설교마다 창조해 내야 할 살아 있는 조각의 신체 부분들을 적어 놓았다.

1. **본문의 연구**: 본문의 자세한 내용들을 연구함으로 우리는 본문의 "살"을 얻어 낼 수 있게 된다.
2. **본문의 구조**: 본문의 구조를 분석함으로 우리는 본문을 구성하고 있는 "골격"을 찾아내게 된다. 살과 골격은 조각의 과정에 필요한 원자재들을 공급해 준다.
3. **본문의 중심 명제**: 골격을 연구함으로 본문이 의미하는 바의 "심장"인 본문의 중심 명제를 얻어 내게 된다.
4. **목적의 다리**: 본문의 심장으로부터 우리는 성도들을 위한 설교의 목적을 얻어내게 된다. 이 설교의 목적은 곧 "두뇌"의 역할을 담당하게 되며 결국 설교의 전체적인 고안과 선포에 결정적인 영향을 미치게 된다.
5. **설교의 중심 명제**: 두뇌는 설교의 "심장"에 방향 제시와 함께 그 형태를 제공해 준다.
6. **설교의 구성**: 이제 설교는 자체의 이미지와 아웃라인을 갖게 된다. 메시지의 골격이 이제 분명해진다.
7. **설교의 선포**: 특정한 성도들을 위해 특별히 조각되어진 설교의 상세한 부분들을, 살을 채우듯이, 채우는 과정으로 설교가 완성되어지게 된다.

본문에서 설교로

7 설교의 선포
6 설교의 구조
5 설교의 중심 명제
4 목적의 다리
3 본문의 중심 명제
2 본문의 구조
1 본문의 연구

이 과정을 기억하는 데에 도움이 될 만한 두 개의 실마리를 소개한다. 이 설교 준비의 과정을 완성하고 난 후에 나는 일곱 단계를 쉽게 기억할 수 있는 방법을 발견했다.

- 제3단계(본문 연구쪽)와 제5단계(설교 준비쪽)는 심장 또는 중심 명제에 관한 것으로 병행 구조를 이루고 있다.
- 제2단계(본문 연구쪽)와 제6단계(설교 준비쪽)는 공히 골격 또는 구조/구성에 대해 다루고 있다.
- 제1단계(본문 연구쪽)와 제7단계(설교 준비쪽)는 살 또는 기본적인 자료들에 대해 다루고 있다.
- 제4단계(본문 연구쪽)는 다리 또는 두뇌로서 본문에서 설교로의 전환 역할을 담당하고 있다.

1 2 3 4 3 2 1과 같이 번호를 매기거나 A B C D C B A 등의 글씨를 사용해서 기억을 도울 수도 있다(이와 같은 병행 구조의 방법은 히브리 성경에서도 자주 사용되는 방법으로 대칭적 구조라고 불린다. 히브리 성경의 방법과 외형적으로 유사하다는 점이 이 설교 준비의 과정을 영감으로 되어진 것이거나 절대 무오한 것으로 만들지는 않는다! 그러나 이 방법을 사용함으로써 비록 흠이 많은 사람에 의해 준비된 설교이지만 영혼들을 감동시키는 설교를 할 수 있기를 바란다!).

각 단계별로 개략적인 설명을 소개한다. 이 책의 나머지 부분에서 다룰 내용들이다.

제1단계: 본문의 연구 — 설교 본문의 살

제1단계는 본문을 연구하는 데 필요한 가장 기본적인 과정을 소개해 준다. 본문의 의미를 찾아내는 데에 필요한 몇 개의 열쇠들을 제공해 준다. 성경이 모든 사람들에게 전달하기 원하는 바를 정확하게 "보는 작업"과 "찾는 작업"을 통해 진지한 연구에 필요한 기초 작업의 역할을 한다.

제2단계: 본문의 구조 — 설교 본문의 골격

설교를 조각해 나갈 때 아주 중요한 작업은 성경의 저자가 의도한 본문의 구조를 바르게 이해하는 것이다. 본문의 구조를 이해함으로 우리는 저자가 무엇을 말하는가 뿐 아니라 어떻게 말하고 있는가도 강조할 수 있게 된다. 제2단계는 본문의 구조를 이해하는 데 필요한 실마리들을 알려 줌으로 본문의 소단락들이 가르치고 있는 바를 요약할 수 있는 능력을 배양하게 해준다.

제3단계: 본문의 중심 명제 — 설교 본문의 심장

사람에게 있어서 심장이 중요한 것같이 본문에 있어서는(설교 역시 마찬가지로) 중심 명제가 심장의 역할을 한다. 제3단계는 두 개의 개념을 통해 본문의 주된 가르침을 발견하는 법을 가르쳐 준다.

주제: 저자가 무엇을 말하고 있는가?
술어: 저자가 주제에 대해 무엇을 말하고 있는가?

본문에 기록된 모든 것은 하나의 주된 주제를 중심으로 엮어져 있다. 일단 주제와 그 주제에 대한 술어를 발견하고 나면, 설교자는 하늘의 권위를 가지고 확신 속에 말씀을 전할 수 있게 된다.

제4단계: 목적의 다리 — 설교의 두뇌

제4단계는 강해설교를 성도들의 삶에 직접 와닿게 만드는 데에 결정적인 역할을 담당하게 된다. 설교의 목적은 본문과 설교 사이를 연결시켜 주는 설교에 있어서의 두뇌와 같다. 성도들이 처해 있는 현실을 염두에 두고 설교의 목적을 명쾌하게 밝힐 수 있는 법을 배우게 될 것이다.

제5단계: 설교의 중심 명제 — 설교의 심장

본문에 하나의 주제와 술어가 있는 것과 마찬가지로 설교에도 하나의 주제와 술어가 있다. 설교의 중심 명제는 마치 쌍둥이와 같은 "주제와 술어"의 강조점을 갖게 된다. 여기에서 본문의 명제(제3단계) 목적이라는 다리를 통과함으로(제4단계) 현대의 성도들이 이해하고 순종할 수 있도록 현실적인 메시지로 전환 된다.

제6단계: 설교의 구조 — 설교의 골격

여기에서는 통일성, 질서 그리고 발전을 포함하고 있는 설교를 개발해 나가는 기본적인 방법들을 다루게 된다. 또한 이해를 도우며 순종을 유발시키는 설교 개발의 예들을 제시할 것이다.

제7단계: 설교의 선포 — 설교의 살

당신은 적절한 예화의 사용, 언어의 구사, 설교 전달의 방법 등을 통해 설교의 영향력을 증진시킬 수가 있다. 설교의 평가에 필요한 포괄적인 질문들이 부록 11에 수록되어 있다. 그리고 설교를 하기 전에 설교 원고 전체를 글로 옮겨 적을 것을 권한다.

당신은 지금 길을 제대로 찾아왔습니다. 만일, 당신이
▫ 강해설교를 지금 처음 배우려고 한다면,
▫ 본문으로부터 설교 작성에 필요한 자료 수집에 대해 확실하게 알기를 원한다면.

성경으로
설교를 조각하는 과정

본문의 연구
설교 본문의 살

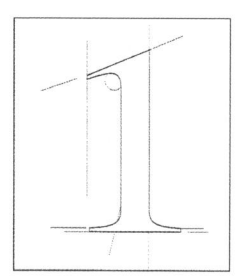

```
                                    7 설교의 선포
                              6 설교의 구조
                          5 설교의 중심 명제
                      4 목적의 다리
                  3 본문의 중심 명제
              2 본문의 구조
   1 본문의 연구
```
말씀 조각 과정의 일곱 단계

성경의 본문을 연구하는 것이 설교 준비 과정의 제1단계이다.* 강해설교를 추구하는 강단에 있어서는 일반적으로 설교의 본문을 고르기 위해 시간이나 정력이 낭비되는 경우는 거의 없다. 그저 현재 설교

---

* 만일 성경 본문의 연구에 대한 조직적인 방법론을 알고 있다면, 바로 제 2단계로 가도 좋을 것이다. 그러나 복습하는 의미에서 제 1단계의 내용을 다시 공부해 볼 것을 권한다.

하고 있는 본문의 다음 부분을 설교하면 된다(상황에 적절한 설교 본문을 선택하는 문제에 대해서는 부록 2를 참조하라).

성경 본문을 강해설교한다고 하는 것은 지적으로, 목적 의식을 가지고, 또한 본문에 순종하려는 자세를 가지고 본문을 연구하는 것을 전제로 한다. 지적으로 본문을 연구한다는 것은 우리의 지성을 포함해서 모든 인격으로 하나님을 사랑하기 때문이다. 목적 의식을 가지고 본문을 연구한다는 것은 본문을 통해 하나님께서 설교자와 성도들을 위해 갖고 계신 분명한 뜻을 발견할 수 있어야 되기 때문이다. 그리고 본문의 말씀에 순종하려는 자세를 가지고 본문을 대할 때에 우리는 말씀에 대한 복종과 삶의 변화를 요구하시는 하나님을 만나 뵐 수 있기 때문이다.

본문 연구에는 두 가지 측면이 있다.[1]

제1단계

본문 연구 ┬── 본문을 상세히 관찰한다(보는 작업)
　　　　　 └── 상세한 관찰을 통해 본문의 의미를 파악한다(찾는 작업)

보는 작업: 본문에서 "볼" 수 있는 모든 상세한 내용들을 관찰하는 과정이 필요하다.

찾는 작업: 본문에 기록된 상세한 내용들에 대한 질문과 그 질문들에 대한 답변들을 통해 본문 연구에 대한 결론을 도출하게 된다.

본문의 상세한 내용들을 보는 작업

본문을 보는 작업은 하나님께서 성경 말씀 가운데 기록하신 정보를 관찰하는 것이다. 우리는 성령께서 감동하심으로 성경을 기록케 하신 것을 믿는 까닭에 본문의 모든 기록들이 다 중요하다. 본문을 보면서 가능한 한 모든 것을 다 관찰할 수 있도록 노력해야 한다. 부적절한 관찰의 내용들은 나중에 버릴 수 있으며, 또 버려야 할 것이다.

어떤 것들을 관찰해야 할 것인가? 단어들과 단어들 사이의 관계를 관찰하는 것이다.

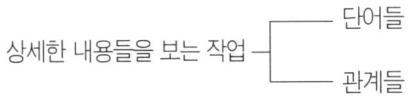

단어들을 관찰하라

본문 가운데 중요한 단어들을 주시해야 한다. 단어들이 본문의 내용을 이루고 있으며 그 본문의 의미를 파악하는 데에 영향을 미치게 된다. 한 장의 종이에 한 절씩을 적어 놓고 관찰하는 것이 크게 도움이 될 것이다. 전체의 절을 종이의 맨 윗 줄에 적어 놓고 중요한 단어들에 밑줄을 긋는다. 따로 연구해야 할 중요한 단어들은 일반적으로 긴 단어들, 특이한 단어들, 그리고 반복되어 나오는 단어들이다.

깊이 관찰해야 할 단어들
- 긴 단어들
- 특이한 단어들
- 반복되어 나오는 단어들

> **적용**
>
> 성경의 시편 117편을 열어서 1절을 종이의 맨 위에 적어 놓고 중요한 단어들에 밑줄을 그어 보라. 다음 종이에 2절을 적어 놓고 중요한 단어들에 밑줄을 그어 보라. "나라들", "찬양", "인자하심", "진실하심", "영원" 등과 같은 단어들에 대해 연구하게 될 것이다.

관계들을 관찰하라

아래와 같은 관계들을 발견하게 될 것이다.

- 문법적인 관계: 본문에 단어들이 어떻게 배열되어 있는가? 시제(과거, 현재, 미래), 수(단수 또는 복수), 그리고 성(남성 또는 여성) 등의 문제들이 기본적인 관찰의 내용이 될 것이다.
- 논리적인 관계들: 본문에 사고가 어떻게 전개되어 있는가? 저자가 자신의 주장하는 바나 전하고 싶어하는 바를 어떠한 논리적인 전개를 통해 표현하고 있는가?
- 시대적인 그리고 지리적인 관계: 본문에 나타나는 시간적, 지리적 상황이 어떠한가?
- 심리적인 관계: 본문에 표현된 단어들 속에 함축된 어떤 심리적인 측면이 있지 아니한가?
- 문맥적인 관계: 본문이 위치하고 있는 문맥은 어떠한가? 바로 앞뒤의 문맥과 원시안적인 문맥을 다같이 고려해야 한다.
  ― 성경 전체의 문맥
  ― 본문이 속해 있는 책의 문맥

— 본문 자체의 앞뒤 문맥
- 문학 양식의 관계: 문학 양식의 관계는 본문이 어떠한 종류의 문학적 작품인가에 관한 문제이다. 성경에 나타나는 문학 양식들을 아래에 열거해 본다.
  — 교훈: 예수님의 설교나 서신서와 같이 교훈적이거나 강화적인 내용들
  — 이야기체: 역사적인 사건과 같이 이야기체로 기록된 부분들
  — 시가서: 시편, 잠언, 아가서 등
  — 비유: 주로 예수님의 비유들
  — 기적: 성경 역사의 세 기간 — 모세와 아론의 시대, 엘리야와 엘리사의 시대, 예수님과 사도들의 시대 — 동안에 주로 나타나는 사건들
  — 예언: 다니엘서의 일부, 에스겔서, 요한계시록, 그리고 구약의 대선지서나 소선지서와 같이 미래의 사건들을 다루는 부분들

본문의 상세한 내용들을 통해 의미를 찾는 작업

"보는 작업"은 본문의 상세한 내용들을 관찰하는 과정인 반면에, "찾는 작업"은 관찰한 내용들을 통해 그 본문의 의미를 발견해 내는 작업이다. 상세한 내용들을 열심히 보고 난 후에 전체의 모습을 보지 못하게 된다면 아무런 의미가 없게 되고 만다. 의미를 "찾는 작업"은 관찰한 내용을 해석하는 과정이며, 보는 작업과 찾는 작업은 동시에 이루어짐으로 최대의 효과를 얻는 경우가 종종 있다. 해석은 기본적으

로 본문을 연구하는 사람이 던지는 질문과 그 질문들에 대한 답변을 통해 이루어지게 된다.

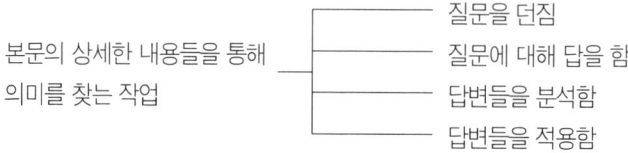

질문을 던짐

관찰의 과정에는 절대로 질문이 필요하다. 어떠한 연구이든간에 질문을 퍼부음으로 발견의 예술을 경험하게 된다. 초보자와 숙련된 성경 연구자 사이의 차이는 얼마나 좋은 질문들을 많이 던질 수 있는가에 있다. 단어들에 대해 질문을 던져야 한다. 그리고 본문을 읽으면서 중요하다고 밑줄을 그었던 단어들 사이의 관계에 대해서도 질문을 던져야 한다.

      상세한 내용들을 보는 작업   의미를 찾는 작업
        • 단어들   • 단어들에 대한 질문들
        • 관계들   • 관계들에 대한 질문들

단어들에 대한 질문들

단어들이 현대에 의미하는 바가 무엇인지를 질문해 봐야 한다. 사전을 찾아보면서 그 의미를 알아내야 한다. 좋은 사전을 활용하면, 그 단어의 현대적 의미뿐만 아니라 당신이 가지고 있는 번역본이 번역될 당시의 의미도 알 수 있게 된다(예를 들어, 1611년에 번역된 영어 킹

제임스 번역본). 세월이 흐르면서 단어들의 의미가 바뀌게 마련이다. 영어 성경의 예를 들어 설명해 본다. 요즈음 나오는 영어 성경들에 보면, 삼위의 하나님을 Holy Spirit(헬라어의 pneuma, 마 28:19)으로 표현하고 있다. 그리고 제자들은 ghost(헬라어의 phantasma, 마 14:26)를 무서워한다고 되어 있다. 그러나 오래 전에 번역된 영어 성경들을 보면. 삼위의 하나님은 일관성 있게 Holy Ghost로 표현이 되고 있으며, 제자들은 spirit을 무서워하는 것으로 되어 있음을 보게 된다.

다음으로는, 단어들이 쓰여질 당시의 의미가 무엇이었는지를 질문해야 한다. 성경 사전이나 성경 백과 등을 찾아보아야 한다.

다음으로는, 같은 단어들이 성경의 다른 곳에서는 어떤 의미로 쓰였는지, 또 같은 저자가 다른 곳에서는 또는 다른 저자들이 같은 단어를 어떻게 사용했는지를 질문해 보아야 한다. 여기에 대한 답을 찾을 수 있는 방법은 몇 가지가 있다. 관주 성경의 관주들을 참조함으로 다른 곳의 용례를 알아볼 수가 있다. 또는 성구 사전을 사용하면 아주 많은 도움을 얻게 된다. 중요한 구절이나 반복되어 나오는 표현들에 대해서도 이와 똑같은 질문들을 던져야 할 것이다.

관계들에 대한 질문들

말이라고 하는 것은 가끔 이상한 경우가 있다. 예를 들면, 채식주의자들은 야채만을 먹는다. 그렇다고 해서 인본주의자들이 사람을 먹는 것은 아니다. 그러기에 단어들을 이해함에 있어서 획일적인 통일성이 결여되어 있다는 사실을 잘 이해한다면 커다란 도움이 될 것이다.

단어들 사이의 관계를 바르게 이해하기 위해서는 문법이 중요한 역할을 담당한다. 문법은 문장이 의미하는 바와 또 서로 관련된 문장들의 의미를 잘 이해할 수 있도록 해준다. 나는 어렸을 때에 문법을 다 이해하지 못했으면서도, 문법을 이용해서 말을 배웠다. 문법은 마치 자동차를 운전하는 것과 같다. 자동차가 어떻게 작동하는지에 대한 기계적인 내용들을 모르면서도 우리는 운전을 잘한다. 그러다가 자동차가 망가지게 되면, 우리는 어떻게 해야 좋을지 모르게 된다. 마찬가지로 나는 문법을 다 이해하지 못한 채 말을 하다가 말이 잘 안되어 어떻게 해야 좋을지 모른 경우가 있었다. 결국 얼마 후에야 문법을 제대로 이해할 수 있게 되었다. 나와 같은 독자들을 위해서 부록 3에 영문법의 서론에 해당하는 내용을 수록해 놓았다. 문법을 제대로 이해하게 되면 성경의 본문을 분석하는 데에도 많은 도움을 얻을 수 있다.

본문의 상세한 내용을 "보는 작업"의 부분에서 했던 것과 마찬가지로 관계들—문법적, 논리적, 시대적, 그리고 기타의 관계들—에 대한 질문들을 여기서도 하게 된다.

문법적인 관계들

마태복음 16장 18절을 보게 되면, 주님께서 미래의 시제를 사용하고 계신다는 사실을 알게 될 것이다. "내가 내 교회를 세우리라." 또 마태복음 28장 19절에서 성삼위의 세 인격을 칭함에 있어서 "이름"의 단수 표현을 사용하시는 것도 보게 된다. 또 에베소서 4장 13절에서는 "믿는 것에 하나가 되어"라는 표현 중에 "믿음" 앞에 원어에는 정관사가 사용되었다. 또 원어를 가지고 본문을 연구하게 되면, 요한복음 10장 30절에 "나와 아버지는 하나이다"라는 주님의 말씀 가운데 "하나"라는 표현이 중성으로 되어 있는 것도 알게 될 것이다.

한번은 설교에 관한 세미나를 하던 중 다음과 같은 아주 중요한 질문을 받게 되었다: "성경의 원어를 모르고도 설교를 할 수 있으며, 또 효과적인 설교를 할 수 있습니까?" 이 질문에 대한 답은 부록 1에 나와 있다.

논리적인 관계들

논리적인 관계들을 잘 이해함으로 우리는 저자가 전달하고자 하는 요점이나 논리적 주장을 잘 이해할 수 있게 된다. 아래에 성경에서 발췌된 예들을 보면서 고딕체로 되어 있는 단어들을 주의해서 보도록 하라. 이와 같은 단어들은 일련의 단어들 사이에 놓여 있는 관계들을 이해하는 데에 큰 도움을 줄 것이다. 이런 단어들은 상세하게 기록된 표현들의 의미에 결정적인 영향을 미치는 짧은 단어들이다.

- 원인과 결과: "우리가 사랑함은 **그가** (하나님께서) **먼저** 우리를 사랑하셨음이라 (사랑하셨기 때문이라)"(요일 4:19).
- 이유: "그리스도와 함께 다시 살리심을 받았으면 (받았으니) 위엣 것을 찾으라"(골 3:1).
- 결과: 하나님의 양무리를 충성스럽게 목양한 목자들에 대해 사도 베드로는 다음과 같이 말한다: "**그리하면** 목자장이 나타나실 때에 시들지 아니하는 영광의 면류관을 얻으리라"(벧전 5:4). 충성스러운 목양의 결과는 목자장이 내리시는 상급이다.

  혹은 휴거의 교리가 현재의 그리스도인들을 향해 가지고 있는 실제적인 중요성은 데살로니가전서 4장 18절의 "**그러므로**"라는 단어에 근거하고 있다(살전 4:13-18을 참조하라).
- 대조: 에베소서 2장은 우리의 과거의 영적 신분에 대해 말씀하고 있다(1-3절). 4절은 원문대로 한다면(역자 주: 우리말 성경에는 3절 끝에 "···본질상 진노의 자녀이었더니"로 되어 있다) "**그러나 하**

나님께서"로 시작함으로써, "그러나"라는 표현을 중심으로 우리가 현재 가지고 있는 영적인 신분과 과거의 신분을 대조시켜 주고 있음을 보게 된다.

- 비교: 요한일서 4장 4절의 말씀을 보자: "이는 너희 안에 계신 이가 세상에 있는 이보다 크심이라." 사람들의 충성을 요구하는 두 대상이 서로 비교되고 있다.
- 조건: 역대하 7장 14절 말씀을 보자: "내 이름으로 일컫는 내 백성이 그 악한 길에서 떠나 스스로 겸비하고 기도하여 내 얼굴을 구하면 내가 하늘에서 듣고 그 죄를 사하고 그 땅을 고칠지라." 하나님께서 응답하실 조건은 우리들이 하나님의 이름을 구하는 것이라고 말씀한다.
- 목적: 에베소서 4장 12절은 하나님께서 교회에 특별한 지도자들을 주신 목적을 설명하고 있다: "이는 성도를 온전케 하며 봉사의 일을 하게 하며 그리스도의 몸을 세우려 하심이라"(역자 주: 원어의 구조를 보면, 성도를 온전케 하는 것이 교회에 은사들을 주신 직접적인 목적으로 되어 있다).

다시 한번 강조하지만, 이 모든 논리적인 관계들은 단어들과 단어들의 연결들을 통해 표현되고 있다.

시대적인 그리고 지리적인 관계들

이 두 개의 관계들은 역사적인 사건들이나 기적 사건들과 같이 이야기체로 되어 있는 본문의 구조를 파악하는 데(구조적 개관을 작성하는 데) 큰 도움이 된다. 두 개의 예를 소개한다.

사도행전은 시대적인 순서와 지리적인 발전을 담고 있는 책이다. 1

장 8절은 이 점을 잘 보여 준다.

- 예루살렘(1:1-8:3). 예루살렘에서 번져 가는 기독교 신앙.
- 사마리아(8:4-12:25). 여기서 눈여겨봐야 하는 것은 그리스도인들이 흩어진 후의 결과와 그 흩어짐의 원인인 핍박의 관계이다. 이 본문을 해석할 때는 바로 이 점이 누가가 하나님의 주권적인 손길을 표현하기 위해 사용한 문학적인 방편이었다는 사실을 염두에 두어야 할 것이다.
- 세상 끝까지(13:1-28:31).

누가복음 17장 11-19절에 나타난 열 문둥병자의 기록도 같은 방법으로 분석될 수가 있다.

- 예수님께서는 어려움에 처한 열 명의 문둥병자들과 만나고 계신다.(11-14)
- 사건은 이제 진행이 되어 고침받고 감사의 뜻을 전하기 위해 되돌아온 한 명의 문둥병자에게로 집중이 된다.(15-19)

요나서는 자연스럽게 시간적인 연구와 지리적인 연구를 가능하게 해 준다.

- 예루살렘 안에서 사역하고 있는 요나(1:1-2)
- 다시스로 도망하는 길에 배 위에 있는 요나(1:3-14)
- 물고기 안에서 기도하는 요나(1:15-2:10)
- 니느웨 성 안에서 설교하는 요나(3:1-10)

- 초막 밑에 앉아서 불평하는 요나(4:1-11)

심리적인 관계들

"심리적인"이라는 표현 자체가 임의적이고도 주관적인 면을 많이 포함하고 있기 때문에 심리적인 관계들을 관찰하는 것이 성경 본문을 해석하는 데 있어서 위험한 일이라고 느껴질 수가 있을 것이다. 그러나 비유나 기적 사건들, 그 외에 인간 관계를 포함하고 있는 특정한 문학 양식을 지니고 있는 본문들의 의미를 바르게 이해할 때는 심리적인 문제들을 바르게 이해하려는 노력이 꼭 필요한 것이다. 예를 들어, 우리는 양과 목자 사이의 긴밀한 관계를 잘 이해하고 있다(시 23편, 요 10장). 목자가 자기 양들에 대해 느끼게 되는 기분을 잘 이해한다면, 하나님께서 목자의 심정으로 양과 같은 우리 인간들을 향해 어떻게 느끼실 것인가를 잘 이해할 수 있게 될 것이다.

또한 나음을 받은 열 명의 문둥병 환자들의 사건을 이해함에 있어서도, 유대인들과 사마리아인들 사이의 긴장 관계를 이해한다면 도움이 될 것이다. 아홉 명의 유대인 문둥병 환자들은 예수님께 감사하지 않았지만, 사마리아 출신의 문둥병 환자는 돌아와서 예수님께 감사를 표현했다는 사실이 이 사건의 의미를 좀더 깊고 바르게 이해하는 데 도움이 될 수 있을 것이다. 누가는 이 두 부류의 사람들을 예수님께 대한 그들의 감사의 태도를 묘사함에 있어 심리적으로 중요한 대조를 이루며 보도해 주고 있다. 예수님께서는 병고침이 필요한 열 명의 문둥병 환자들을 다루고 계신다(눅 17:11-14). 아홉 명은 주님의 고쳐 주심을 그저 당연한 것으로 받아들이고 만다. 이 본문은 비록 사마리아인의 신분이지만 돌아와서 주님께 감사를 드리는 한 사람에게 초점이 맞춰지고 있다(눅 17:15-19).

기적 사건들 속에 나타나는 사람들간의 관계를 묘사함에 있어서 저자가 표현에 주고 있는 심리적인 면들을 반영하는 내용들을 자세히 관찰함으로써, 우리는 성경 본문에 대한 더욱 깊은 이해를 할 수 있게 된다. 이것은 성경을 심리학적인 이론을 가지고 이해하자는 뜻이 아니라, 본문이 저자의 의도를 바르게 이해하는 데 필요한 심리적인 자료들을 제공해 주고 있는가 그렇지 않은가에 대한 문제이다.

문맥적인 관계들
어떠한 본문이든 모두 성경 전체 또는 그 부분의 문학적인 맥락 속에 위치하고 있다.

성경 전체의 문맥: 성경 전체는 하나의 거대한 기록이다. 성경은 하나님께서 바라보시는 역사, 즉 하나님의 스토리이다(His story). 우주와 사람의 시작, 예수 그리스도의 초림, 모든 사람들이 예수 그리스도 안에서 허락하시는 하나님의 구원에 동등한 후사가 될 수 있다고 하는 비밀의 계시, 우리가 살고 있는 시공인 세상 종말의 사건들, 이 모두가 하나님이시며 온 인류의 구원자로 오신 예수 그리스도를 중심으로 전개되고 있다. 성경의 내용들은 창조의 시작으로부터 새 하늘과 새 땅의 창조에 이르기까지 예수 그리스도에게 초점이 맞춰지고 있다.

아직도 많은 하나님의 종들이 전체적인 그림을 다 보지 못하고 있는 것이 현실이다. 전체의 그림을 다 보지 못한 채 창세기, 이사야, 혹은 마태복음에서 한 절을 끄집어내서 그 본문에 대한 나름대로의 좋은 생각들을 펼쳐 보곤 한다. 이러한 과정이 비성경적이지는 않을지 모르지만, 과연 성경의 본문이 말씀하고자 하는 바를 제대로 이해하고 있는지는 확인해 봐야 할 문제이다. 성경 전체의 문맥을 이해하면서 본문을 이해해야 할 것이다. 성경 전체의 문맥을 이해함에 있어서는 다음과 같은 것들을 염두에 두어야 한다: 성경 역사의 진행에 있어서 역사적인 맥락, 성경적 맥락, 문화적 맥락, 그리고 신학적 맥락 등이다.

성경적인 맥락이나 문학적인 맥락을 고려할 때, 모세 오경에 들어 있는 한 절을 연구한다면 모세 오경이 이야기체의 문학 양식이라는 점을 염두에 두어야 할 것이다. 또는 시편의 말씀을 연구할 때에는 시라는 문학 양식을 염두에 두게 될 때에 바른 이해가 가능케 될 것이다. 이야기체의 본문에 대한 설교를 준비하는 데에 필요한 좀더 자세한 내용들을 알아보려면 부록 5를 참조하기 바란다. 성경은 여러 가지 다른 문학 양식으로 쓰여졌으며, 저자의 의도와 사용되고 있는 문학 양식과 저자의 문학적 스타일 등을 고려하며 해석에 임해야 할 것이다.

문학적 맥락도 역시 고려해야 한다. 예를 들어서 아모스의 예언을 듣던 사람들과 바울의 편지를 받아보던 사람들은 신학적인 면에서 뿐만 아니라 문화적인 면에서도 서로 다른 것이 사실이다.

신학적인 면에서 볼 때, 십자가 사건 이전에 쓰여진 율법적인 구약의 말씀들은 바울의 서신에 나오는 윤리적인 가르침들과 같은 방법으로 이해되어서는 안 될 것이다.

그러므로 창세기로부터 계시록에 이르기까지 성경 전체에 대한 전반적인 시각이 요구된다. 힌트: 만일 성경 전체에 대한 개관적인 이해가 부족하다고 스스로 생각한다면, 성경 개관에 대한 책을 공부해야 할 것이다. 「윌밍턴의 성경 가이드」(Wilmington's Guide to the Bible)나 보아와 윌킨슨 공저의 「성경과의 대화」(Talk Thru the Bible)과 같은 책들을 높이 추천한다.

책의 문맥: 성경의 각 책들은 성령님의 감동 아래 지성을 지닌 저자

들에 의해 쓰여졌다. 각 책은 나름대로 목적을 가지고 고유의 방법을 통해 쓰여졌다. 그 목적이 내용에 영향을 미쳤다. 그러므로 목적을 이해하기 위해서는 그 내용을 깊이 관찰해야 한다. 목적을 이해하게 되면, 본문을 설교로 전하기 전에 바른 해석을 하는 데에 큰 도움을 주게 된다.

예를 들어, 욥기와 같은 책을 생각해 보자. 두 번 또는 세 번 정도 욥기를 읽어 보자. 간단히 말하자면, 욥기는 욥이라고 불리는 의롭고 부유한 사람이 말로 다할 수 없는 고통을 겪어 나가는 사건이다. 세 명의 친구가 욥을 찾아와서 세 번에 걸친 욥과의 대화를 통해 고통에 대한 이해를 도와주려고 하지만, 매번 고통의 원인을 잘못 제시하고 만다.

네 번째 친구가 진리에 근접한 답을 제시하지만, 욥의 존재론적이고 신학적인 질문에 대한 궁극적인 정답은 하나님의 말씀과 역사에 대한 역동적인 계시를 통해서 얻게 된다.

욥기를 공부하다 보면 아래와 같은 본문의 구분을 볼 수 있게 될 것이다.

서론: 욥의 고충(1-2장)
첫번째 대화(3-14장)
두 번째 대화(15-21장)
세 번째 대화(22-31장)
엘리후의 연설(32-37장)
하나님의 대답(38-41장)
결론: 욥의 구원(42장)

이러한 구분을 염두에 두고 본문을 읽고 난 후에, "내가 알기에는 내 구속자가 살아 계시니 후일에 그가 땅 위에 서실 것이라"와 같이 유명한 말씀을 접하게 되면, 이 말씀이 두 번째의 대화 속에 나타나는 욥의 답변이라는 것을 쉽게 알 수 있다. 이 말씀은 기본적으로 말할 수 없는 절망과 낙담 가운데 빠져 있는 욥이 보여주는 강렬한 소망의 표현이지 부활절 예배에 쓸 본문이 아니라는 것을 알게 될 것이다. 이 말씀은 악한 자의 사후 운명에 관한 빌닷의 구체적인 언급에 대한 욥의 답변이다. 이렇게 되면, 욥의 이러한 고백은 가장 심각한 고통 중에 있는 사람이 보여주는 살아 계신 하나님께 대한 소망과 확신의 표현인 것이 너욱 분명히 드러나게 된다.

책 전체를 이해하여야 저자가 글을 통해 표현하고 있는 심각한 문제들에 대한 올바른 이해를 할 수 있게 된다. 해석의 목적은 다름이 아닌 바로 저자의 의도를 이해하는 것이다.

힌트: 성경의 각 권의 내용과 목적을 이해하는 데 가장 많은 도움을 주는 것은 해설 성경과 관주 성경들이다. 각 권의 시작하는 부분에 도움이 되는 설명들을 해주는 성경들이 많이 있다. 그러한 성경들은 편집자에 따라 저자의 목적과 책의 구분에 있어서 약간씩의 차이는 있을 수 있다. 그러기에 저자의 목적을 이해하며 책의 구조를 이해하려고 노력하는 과정에 오히려 다양한 도움을 제공받을 수 있다. 물론 자신이 혼자 힘으로 성경을 먼저 공부하는 것이 필요하다. 그리고 나서 다른 학자들의 연구를 참조하는 것이 바람직하다. 이러한 과정을 밟아가는 데 있어서 성경의 어떤 책들은 비교적 쉬운 경우도 있고 좀더 어려운 책들도 있다. 그러나 포기해서는 안 될 것이다. 성경적인 메시지를 전하는 설교자는 필연코 자기의 본문이 속해 있는 책 전체에 대한 최소한 기본적인 지식은 갖고 있어야 한다.

본문의 문맥: 성경을 공부하는 기본적인 단위는 절도 아니고 한 문장도 아니고, 바로 문단이다. 이미 앞에서 강해설교를 하게 될 때에는 본문을 고르기 위해서 매주일 시간과 정력을 낭비할 필요가 없다는 강해설교의 장점을 지적했었다. 한 책을 골라서 연구하다 보면, 여러 개의 문단으로 나뉘어져 있는 것을 발견하게 된다. 일반적으로 한 번에 한 개의 문단을 가지고 설교하면 된다.

본문의 문맥을 이해하는 것이, 문단을 서로 연결지어서 발전시켜 가고 있는 저자의 의도를 바르게 파악하는 데에 결정적인 도움을 준다. 때로는 하나의 문단을 한 번의 설교로 다 끝낼 수 없는 경우도 있다. 처음 두 개의 요점을 다룰 수밖에 없는 경우가 생기게 되면, 설교를 준비하는 과정 중에 본문의 앞뒤 문맥을 바르게 이해해야 할 것이다.

본문을 이해하는 데 있어서 문맥의 중요성을 강조하기 위해 베드로전서에서 한 예를 들어 보기로 한다. 베드로전서 2장 13절의 중요 개념은 "순복"이다. 3장 7절에 나타난 남편들의 책임만을 따로 본다면, 본문 속에 있는 "이와 같이"라는 표현의 의미를 제대로 이해할 수 없게 될 것이다. 앞에서 이미 베드로는 부당한 대우를 받더라도 정부와 또 상전들에게 복종해야 한다는 것을 가르쳤다. 여기에 나타난 복종이라고 하는 전체의 흐름을 간과한다면, 이 본문을 설교함에 있어서 부부 사이의 상호간의 복종, 존경, 충성과 같은 가장 중요한 가정 생활의 원리 중의 하나를 빼먹게 되는 결과를 가져오게 될 것이다. 아마 "남성 우월주의 설교자들"은 이와 같은 사실을 일부러라도 보지 않기를 원할지도 모르겠다!

문학 양식의 관계들

앞에서 다룬 성경에 나타나는 다양한 문학 양식에 대해 강조할 필요가 있다. 본문의 해석은 본문이 쓰여진 문학 양식에 따라 달리 되어져야 한다. 말하자면, 이야기체로 쓰여진 본문과 서신의 내용과는 다른 해석의 접근이 필요하다.

이야기체로 기록된 본문의 모든 내용들이 성도들의 삶에 적용해야 할 내용을 담고 있는 것은 아니다. 역사적인 상세한 내용들은 사건의 소개를 더욱 흥미롭게 하기 위해서 사용되지만, 역사적인 상술이 하나도 빠짐없이 모두 우리 생활에 직접적으로 적용되지는 않는다. 예를 들어 역사적인 사건을 다루고 있는 이야기체의 대표적인 글인 요나서를 생각해 보기로 한다. 요나의 사선을 설교할 때 성도들에게 배를 타야 한다고 전할 수는 없다. 그보다는 하나님의 뜻을 거역하며 도망한다고 해도 실제로 하나님의 손을 벗어날 수는 없다는 진리를 전하는 것이 옳을 것이다. 요나서 전반부의 교훈은 어떤 교통 수단을 이용할 것인가가 아니라, 알려진 하나님의 뜻에 대한 순종의 필요성이다. 역사적인 상세한 내용들은 결국 사건의 진행을 묘사해 주며 본문이 내포하고 있는 신학적인 메시지를 바르게 이해할 수 있도록 도움을 주는 데에 그 목적이 있다.

또 다른 예를 바울의 경우에서 찾아볼 수 있다. 물론 바울은 소아시아 지방에서 샌들을 신고 다니다가 뱀에게 물리는 경험을 했지만, 그렇다고 그리스도인들이 바울과 같이 뱀에 물리는 경험을 해야 한다고 할 수는 없다. 그대신 우리가 전할 메시지는 오지에 가서 복음을 전하는 사역 속에는 위험이 따른다는 사실을 알려 주어야 할 것이다.

설교에 이런 종류의 적용을 위한 해석학적인 조정은 해석자인 동시에 설교자들에게는 거의 직관적인 것으로 되어 있다.

이러한 조정은 때로는 "원리화"라는 표현으로 불리기도 한다. 즉, 적용을 위해 본문으로부터 신학적인 원리를 추출하는 작업인 것이다.

제3단계에서 5단계에 걸쳐서 이 과정을 안전하고 정확하게 할 수 있는지에 대해 좀더 자세하게 다루도록 한다. 그러나 이러한 원리화의 과정 가운데 조심해야 할 위험들이 있음을 경고한다. 원리들은 분명히 본문으로부터 추출되어야 하며, 본문에 자신이 원하는 원리들을 억지로 집어넣어서는 안 된다. 이 문제 역시 뒤에서 다시 다루기로 한다 (이 점에 대한 깊이 있는 연구를 원하는 독자들은 부록 4를 참조하기 바란다).

비유를 설교할 때에도 역시 문학 양식은 중요한 비중을 차지한다. 비유는 일반적으로 무시될 수 없는 하나의 대주제를 가지고 있다. 비유에 나타나는 소재들 하나 하나마다 의미를 부여하며 생활에 적용시킬 수는 없다. 주님께서 행하신 기적의 사건들의 경우도 마찬가지다. 욥기나 시편과 같은 시가서도 나름대로의 문학 양식을 고려해서 해석해야 한다. 또한 예언서의 특성도 지적해야 하겠다. 예언서가 지니고 있는 문학 양식을 감안해서 예언서를 해석해야 한다. 예를 들어 다니엘서 9장 24절과 10장 2절에 나타나는 "이레"라는 표현을 비교해 보면, 서로가 다른 기한을 말하고 있음을 보게 된다. 한편으로(역자 주: 9장 24절의 이레를 일주일로 이해할 경우) 490일은 다니엘서 9장 24-27절에 나타난 예언이 성취되기에는 너무도 짧은 기간이며, 또 다른 한편으로(역자 주: 10장 2절의 이레를 칠 년으로 이해할 경우) 21년은 다니엘이 금식하고도 생존해 남아 있기에는 너무도 긴 시간이다(단 10:3).

질문에 관한 요약

질문하는 과정을 요약해 본다. 본문을 이해함에 있어서 설교자가 던져야 할 질문들을 잘 기억하기 위해서 다음과 같이 네 개의 부류를 생각해 볼 수 있다.

배경에 관한 질문들
　　　사실에 관한 질문들
　　　　　의미에 관한 질문들
　　　　　　　적용에 관한 질문들

- 배경에 관한 질문들: 예를 들면, 골로새서의 역사적인 배경이 골로새서의 내용을 이해하는 데에 어떤 도움을 줄 수 있겠는가?
- 사실에 관한 질문들: 바울이 골로새서 1장 1-2절에서 사신을 어떻게 묘사하고 있는가?
- 의미에 관한 질문들: 왜 바울은 이와 같은 방법으로 자신을 소개하고 있는가?(골 2:12).
- 적용에 관한 질문들: 어떻게 하면 우리가 위엣 것을 생각하며 살아갈 수 있을까?(골 3:2).

질문에 대해 답을 함

이 과정은 어렵기도 하지만 실제적인 의미에서 해석의 과정이라고 할 수 있다. 질문에 대한 답을 해 나감에 있어서 우리가 원하는 것을 본문이 말하도록 본문을 억지로 해석하려는 유혹에 빠져서는 안 될 것이다. 평범하고 자연스러운 해석(달리는 "문자적" 해석 또는 "문법적-역사적" 해석이라고도 불린다)이 바로 강해 설교자가 추구해야 할 바이다. 기본적으로 이 방법은 본문을 있는 그대로 해석하는 것을 의미하는데, 이 점은 본문의 의미를 이해할 때 가장 중요한 점이기도 하다.

설교를 준비하는 과정에서 여기에까지 이르면 가지고 있는 모든 보조 자료들을 사용할 것을 권한다. 원어를 모르는 경우에는 좋은 해설 성경, 성구 사전, 주석(단권으로 된 훌륭한 주석으로 시작해도 좋다), 그리고 좋은 성경 사전을 활용해야 한다. 이런 것들은 아주 기본적인 필수품이다. 질문과 답변을 해결하는 과정 속에 이러한 자료들을 사용해야 한다. 그러나 이러한 자료들은 어디까지나 보조 자료인 것을 잊어서는 안 된다. 설교 준비의 과정 중에 이 시점에 오기 전까지 이러한 자료들을 기웃거려서는 안 된다. 미리 이러한 자료들을 보게 되면 당신이 묻게 되는 질문들과 결론들에 영향을 미치게 될 것이다. 그렇게 되면 결국은 본문을 설교자 자신의 일부가 되도록 만드는 과정에 저해 요소로 작용하게 된다.

답변들을 분석함

로버트 트래이나(Robert Traina)는 자신의 저서 Methodical Bible Study(181쪽)에서 성경을 해석하면서 직면하게 되는 세 가지 위험에 대해 경고하고 있다.

- 잘못된 해석: 본문에 그릇된 의미를 부여하는 오류
- 미흡한 해석: 본문의 충분한 의미를 다 캐내지 못하는 오류
- 지나친 해석: 본문에 들어 있는 것 이상의 의미를 부여하는 오류

성경을 어떻게 해석할 것인가에 관한 수많은 책들이 있다. 그러나 일반적인 수준에서는 다음과 같은 시금석들을 가지고 당신의 답들을 분석해야 한다.

- **진실성의 시금석**: 당신의 해석이 진실되다고 하는 증거를 제시할 수 있는가? 성경의 저자가 의도했던 바를 올바로 이해하고 있는가?
- **통일성의 시금석**: 본문에서 사용되고 있는 용어들과 주장하는 바들과 해석 사이에 통일성이 존재하는가? 나의 해석 중에 서로 어긋나거나 앞뒤가 맞지 않는 내용들은 없는가? 예를 든다면, 나는 요한일서에 관한 설교 가운데서, 앞부분에서는 "형제"를 믿는 사람들을 칭하는 것으로 해석했다가 뒷부분에 가서는 믿지 않는 사람들을 칭하는 것으로 해석하는 것을 들은 적이 있다.
- **일관성의 시금석**: 당신의 해석이 본문이 속해 있는 장의 나머지 부분과, 본문이 속해 있는 책 전체와, 그리고 전체 성경의 가르침과 일관성을 유지하고 있는가? 예를 들면, 바울이 디모데에게 모든 고기를 다 먹어도 좋다고 권면한 사실과 구약성경에서의 금지 조항과 어떻게 조화를 이룰 것인가?
- **단순성의 시금석**: 당신의 해석은 단순한가, 아니면 억지로 짜맞추어진 것인가? 평범한가, 아니면 신비주의적인가? 쉽게 이해할 수 있도록 도출되어진 해석인가, 아니면 불확실한 내용들을 짜맞춘 듯한 주장들에 의해 내려진 결론인가?
- **정직성의 시금석**: 자신의(또는 영적인 은사나 교단의) 편견이나 선입견들이 본문의 정확한 해석을 방해하지 않도록 세심한 주의를 기울였는가?

주의 사항: 우리의 해석은 마땅히 오류가 있을 수 있기 때문에, 본문 해석에 영향을 미치는 새로운 증거나 질문들이 생겨나게 될 때에는 언제든지 우리의 해석을 바꿀 준비가 되어 있어야 한다.

성경 본문 해석에 필요한
다섯 개의 시금석
1. 진실성
2. 통일성
3. 일관성
4. 단순성
5. 정직성

답변들을 적용함

    설교는 정보를 전달하는 것으로 그 사명을 다하는 것은 결코 아니다. 설교는 사람을 변화시키는 정보를 전달하는 것을 그 사명으로 한다. 우리가 설교하는 내용은 필히 사람들의 삶을 변화시켜야 한다. 설교는 마땅히 성도들이 삶의 현장에 그 진리를 적용하도록 해야 한다. 설교자의 책임은 적용에 필요한 원리들을 제시할 뿐 아니라 적용의 접촉점들을 보여주어야 한다. 성도들 스스로가 창조적으로 진리를 적용할 수 있는 방법과 수단을 찾아내기만을 기대해서는 안 된다.

    먼저 성경 말씀을 우리 자신의 삶 속에서 적용시키고자 노력해야 한다. 그 다음에 성도들에게 어떻게 성경의 진리들을 삶 속에 실현시킬 수 있는지를 보여주어야 한다. 설교를 준비하는 과정 중, 이 단계에서는 본문이 의미하는 바를 근거로 성경이 성도들의 삶 속에 어떠한 적용을 요구하는지를 미리 생각하게 된다. 본문이 오늘을 살아가는 현대인들에게 시사하는 바가 무엇인가?

    그러나 적용의 방법론에 들어가기 전에 로이 주크(Roy B. Zuck) 박사의 적용에 대한 훌륭한 정의를 먼저 살펴본다.

성경 강해(또는 설교나 가르침)에 있어서 적용은 성경 본문이 현실의 생활에 주는 교훈들을 직접 생활에 옮길 수 있는 방법을 구체적으로 제시하며, 또 성도들로 하여금 그러한 변화를 경험하도록 초대하며 권면하는 과정을 통해 성경의 현실적 도움을 전달하는 과정으로 정의될 수 있다.²

성도들이 믿어야 하며 또 소중히 여겨야 하는 것들을 중심으로 한 내용의 이해가 적용이 될 수도 있다. 또는 성도들이 순종하며 행동으로 옮겨야 하는 것들을 중심으로 하는 행동적인 적용이 될 수도 있다. 종종 이 두 가지는 함께 나타나게 된다. 왜냐하면, 일단 소중하게 여겨야 그대로 행동에 옮기게 되기 때문이다.

올바른 적용을 위해서는 다음과 같은 질문들에 대해 확실한 답을 할 수 있어야 한다.

- 본문이 오늘 현재의 삶에 대해 어떠한 적용을 요구하고 있는가?
- 이 본문으로부터 어떠한 종류의 적용을 얻게 되는가? 내용에 대한 이해인가, 행동적인 적용인가, 아니면 내용의 이해에 근거한 행동적인 적용인가?
- 내가 끄집어낸 적용이 확실히 본문에 근거한 적용인가? 본문에 대해 과연 진실된 적용인가?
- 이러한 적용이 본문에서 비롯된 것이라는 점을 어떻게 성도들에게 확신시켜 줄 수 있겠는가?
- 성도들이 이 적용을 이해할 수 있을 것이라고 어떻게 확신할 수 있겠는가? 성도들이 적용을 제대로 이해했다고 장담할 수는 없다. 적용은 자동적인 것이 아니다. 사실, 성도들은 본문의 가르

침을 자신들의 삶에 적용시키기보다는 다른 사람들에게 먼저 적용시키려고 하는 경향이 많다!

그리고 종종 설교가 작성되기 전에도 이러한 적용들을 생활에 옮기기 시작하기도 한다. 본문에서 교훈한다고 여겨지는 적용들을 적어 보도록 하라. 그리고 나중에 본문에 의해 입증되기 어렵거나 지지받지 못하는(제3단계) 것들이나 설교자의 목적에 부합되지 않는(제4단계) 것들은 삭제해 버리면 된다. 유진 로우리(Eugene Lowry)는 재미있는 제안을 하고 있다: "설교를 준비하는 과정 속에 학자의 모자와 설교자의 모자를 늘 동시에 쓰고 있도록 하라."[3]

적용

먼저 말씀으로 설교를 조각하는 과정의 첫번째 단계인 "본문 연구"의 과정을 에베소서 6장 10-12절 말씀에 직접 적용해 보도록 하라. 서신서인 본문을 훑어 나가면서 1단계의 과정 하나 하나를 밟아 보도록 하라.

한 절에 한 장씩 종이를 할애해서 각 절을 옮겨 쓰도록 하라.

10. 종말로 너희가 주 안에서와 그 힘의 능력으로 강건하여지고

11. 마귀의 궤계를 능히 대적하기 위하여 하나님의 전신갑주를 입으라

12. 우리의 씨름은 혈과 육에 대한 것이 아니요 정사와 권세와 이 어두움의 세상 주관자들과 하늘에 있는 악의 영들에게 대함이라

상세한 내용들을 보는 작업

단어 관찰

사전이나 성경 사전, 또는 백과 사전 등을 이용하여 단어들의 의미를 파악하고, 성구 사전이나 해석 성경 등의 해설을 참조하여 그 용례들을 연구하라.

이 본문에서는 "강건", "전신갑주", "궤계", "싸움", "정사", "권세", "세상 주관자" 등에 관한 단어 연구가 필요할 것이다.

관계에 대한 관찰

"종말로", "주 안에서", "그 힘의 능력", "마귀의 궤계", "혈과 육" 등의 표현들과 12절에 있는 영적인 존재들의 다양한 면들에 대해 깊이 관찰할 필요가 있다.

본문의 의미 파악

질문을 던짐

왜 바울은 10절에서 "종말로"라는 표현을 사용하고 있는가? "주 안에" 있지 않고도 강건할 수가 있는가? 12절에 기록된 영적인 존재들의 초자연적인 공격 때문에 우리도 초자연적인 능력이 필요한가? 또 왜 "전신갑주"가 필요한가?

질문에 대해 답을 함

"종말로"라는 표현은 "아주 중요한 점을 말하겠는데" 정도의 의미로 이해가 될 수도 있다. 그리고 에베소서 전체를, 아니면 4장부터 6

장까지의 내용을 염두에 두고 있을 수도 있다. 하나님의 "전신갑주"는 사탄의 전면적인 공격에 노출되는 우리의 약한 부분을 보호하기 위해 취할 것을 권하고 있다.

답변들을 분석함

위의 내용들을 가지고 답변들을 분석해 보라. 그리고 주석들을 참고하면서 하나님의 말씀을 사랑하는 다른 사람들의 본문에 대한 이해를 알아보도록 하라. 좋은 예를 들면, 한 주석가는 다음과 같은 주석을 달고 있다: "헬라어 원문의 '입으라'라는 표현은 성도들이 (자신들의 것이 아닌) 하나님의 전신갑주를 입어야 하는 책임에 대해 말하고 있으며, 또한 그 명령의 긴박성에 대해 말하고 있는 것이다."[4]

질문들을 적용함

사탄의 공격이 예상되며 우리의 대처가 요구되는 긴박한 영역이 어디인가? 사탄과의 싸움이 진행되고 있는 상황들을 현대의 상황에 비추어서 생각해 보라. 또한 주 안에서 강건하게 설 수 있는 방법과 당신과 당신의 성도들이 적용할 수 있는 방법들에 대해 깊이 생각해 보도록 하라.

본문의 연구
(제1단계의 아웃라인)

Ⅰ. 보는 작업
   A. 단어들을 관찰하라
      1. 긴 단어들
      2. 특이한 단어들
      3. 반복되어 나오는 단어들
   B. 관계들을 관찰하라
      1. 문법적인 관계들
      2. 논리적인 관계들
      3. 시대적인 그리고 지리적인 관계들
      4. 심리적인 관계들
      5. 문맥적인 관계들
         a. 성경 전체의 문맥
         b. 본문이 속해 있는 책의 문맥
         c. 본문 자체의 앞뒤 문맥
      6. 문학 양식의 관계들
         a. 교훈
         b. 이야기체
         c. 시가서
         d. 비유
         e. 기적
         f. 예언

Ⅱ. 찾는 작업
   A. 질문을 던짐
      1. 단어들에 대한 질문들
         a. 이 단어들이 현재 가지고 있는 의미
         b. 이 단어들이 성경이 기록된 당시에 갖고 있던 의미

c. 이 단어가 성경의 다른 곳에서는, 이 저자에 의해서는, 또 다른 저자들에 의해서는 어떻게 사용되고 있는가?
2. 관계들에 대한 질문들
　　a. 문법적인 관계들
　　　(1) 시제
　　　(2) 수
　　　(3) 성
　　b. 논리적인 관계들
　　　(1) 원인과 결과
　　　(2) 이유
　　　(3) 결과
　　　(4) 대조
　　　(5) 비교
　　　(6) 조건
　　　(7) 목적
　　c. 시대적인 그리고 지리적인 관계들
　　d. 심리적인 관계들
　　e. 문맥적인 관계들
　　　(1) 성경 전체의 문맥
　　　　(a) 역사적인 맥락
　　　　(b) 성경적인 혹은 문학적인 맥락
　　　　(c) 문화적인 맥락
　　　(2) 책의 문맥
　　　(3) 본문의 문맥
　　f. 문학 양식의 관계들
3. 질문에 관한 요약: 질문의 종류
　　a. 배경에 관한 질문들
　　b. 사실에 관한 질문들
　　c. 의미에 관한 질문들
　　d. 적용에 관한 질문들

B. 질문에 대해 답을 함
C. 답변들을 분석함: "다섯 개의 시금석"
  1. 진실성
  2. 통일성
  3. 일관성
  4. 단순성
  5. 정직성
D. 답변들을 적용함
  1. 어떠한 적용을 할 것인가?
  2. 적용이란 무엇인가?
  3. 적용의 확실한 근거는 무엇인가?
  4. 적용이 본문에서 비롯된 것임을 어떻게 성도들에게 확신시켜 줄 수 있겠는가?

본문의 구조
성경 본문의 골격

```
                                    7 설교의 선포
                                6 설교의 구조
                            5 설교의 중심 명제
                        4 목적의 다리
                    3 본문의 중심 명제
                2 본문의 구조
            1 본문의 연구
```

말씀 조각 과정의 일곱 단계

    제2단계는 본문을 연구하는 제1단계의 기초 위에 서게 된다. 말씀으로 설교를 조각하는 과정은 성경의 저자가 본문 전체를 어떻게 구성하고 있는가를 이해하는 것이다. 본문의 구조를 바르게 이해할 때 우리는 저자가 실제로 말하고자 의도했던 바를 설교할 수 있을 뿐 아니라 저자가 어떻게 말하고 있는가도 강조할 수 있게 된다. 제2단계는 주어진 본문 단락의 각 부분에서 가르치고 있는 바를 요약적으로 이해하면서 본문 전체의 구조를 이해하는 데 필요한 실마리들을 제공해 줄 것이다.

제2단계는 주어진 본문의 구조를 분석하며 요약하는 방법을 통해 진행된다.

제 2 단계

본문의 부분들의 구조 파악
본문의 부분들의 내용 요약

본문의 부분들의 구조 파악

우리는 문법의 열쇠와, 내용 또는 주제의 열쇠라는 두 개의 열쇠를 가지고 본문의 구조를 이해하게 된다.

문법의 열쇠

문법의 열쇠는 일반적으로 미미한 단어들에 지나지 않지만 본문 전체에 아주 커다란 영향을 미치게 된다. 이 "미미한" 단어들은 종종 무시를 당하고 말지만, 그러나 실재에 있어서는 저자의 논리 전개와 강조하고자 하는 바에 기초적인 근간을 이루게 된다. 제1단계에서 언급한 단어들과 구절들간의 "논리적 관계"에 대한 설명을 기억할 수 있을 것이다. 비록 미미하지만 결정적인 역할을 담당하고 있는 단어의 예를 들어보기로 한다.

"요한은 배가 고프기 때문에 여기에 왔다"라고 하는 짧은 문장을 생각해 보자. "때문에"라는 표현은 세 글자에 지나지 않지만 이 문장의 논리를 이해하는 데에 결정적인 역할을 담당한다.

"때문에"는 요한이 이곳에 오게 된 이유를 설명해 주고 있다. 같은 의미가 다른 표현을 사용함으로도 가능하다. 즉 "요한은 배가 고픈고로 이곳에 왔다." "고로"라는 표현 역시 요한이 이곳에 오게 된 이유를 설명해 준다.

성경에는 이와 같이 커다란 의미를 내포하고 있는 미미해 보이는 단어들이 상당히 많이 있다. 이와 같이 미미하게 보이지만 역동적인 힘을 가지고 있는 단어들을 아래의 도표에 열거해 놓았다.

적용

에스라 7장 10절을 보라.
"에스라가 여호와의 율법을 연구하여 준행하며 율례와 규례를 이스라엘에게 가르치기로 결심하였었더라."

이 본문을 가지고 제1단계에서 설명한 과정들을 밟아 가도록 하라. 긴 단어들, 특이한 단어들, 그리고 반복되어 사용된 단어들을 연구하며 묵상해 보라.

제2단계에서는 본문의 구조를 파악해야 한다. 저자의 주된 요점과 부차적인 요점들을 발견해 보라.

에스라 7장 10절에 두 번 반복해서 나오는 접속사 "그리고"에 의해(영어 번역본에는 and가 삽입되어 있다) 세 개의 구절이 연결되어 있음을 주시해 보라.

> "에스라가
> 여호와의 율법을 연구하여
> (그리고)
> 준행하며
> (그리고)
> 율례와 규례를 이스라엘에게 가르치기로
> 결심하였었더라."

그러므로 이 구절은 자연스럽게 세 부분으로 나뉘게 된다. 인위적인 방법이 아니라 본문 자체에서 세 부분으로 나뉘고 있음을 확신을 가지고 주장할 수 있게 된다. "율례"와 "규례" 사이에(역자주: 우리 성경에 "와"로 표현되어 있는) 접속사 "그리고"가 하나 더 있다. 과연 이 "그리고"가 앞에 나온 두 개의 "그리고"와 같은 무게를 지니고 있는지 아닌지의 여부를 결정해야 한다. 그렇지 않음을 곧 알게 될 것이다. 왜냐하면 세 번째의 "그리고"는 단순히 두 개의 단어를 연결해 주고 있기 때문이다. 처음 두 개의 "그리고"는 구절들을 연결해 주고 있으며, 그 뒤에 동사들이 따라 나오고 있다. 이러한 구조적인 면에 대해 아래서 더 설명을 하도록 하겠다.

그러므로 이러한 구조를 설교에 적용한다면, 설교의 본론은 세 개 이상의 요지를 갖게 되지는 않을 것이다(일반적으로 설교는 세 개 이상 또는 그 이하의 요지를 갖을 수도 있다. 이 문제 대해서는 다시 언급하기로 한다). 다시 말하면, 바로 이 절을 다루는 경우에 정확하게 세 개의 요지만이 가능하게 된다.

다음에 나오는 도표는 간단하지만 중요하며, 후에 많이 참조해야 할 도표라고 생각된다. 이 도표를 참조해서 그 단어들을 해석할 때 도움을 얻을 수 있기를 바란다. 예를 들면, "for"라는 단어가 나오게 되면, 그 뒤에 따라 나오는 구절은 원인, 이유, 결과 또는 목적을 나타내는 의미로 해석되어야 할 것이다.

헬라어 원문을 모르는 경우에 한 가지 실마리가 있다. 본문의 구조를 쉽게 이해하게 해주는 믿을 만한 실마리는 성경 본문의 각 절 구분이다. 절이나 단락이나 장의 구분은 성령님의 감동으로 되어진 것은 아니지만, 성경을 번역하는 학자들이 본문의 사고와 구조의 흐름을 염두에 두면서 구별해 놓은 것이기에 많은 도움을 줄 수 있다. 심지어는 절내의 각종 구두점들도 구조를 이해하는 데에 도움을 줄 수 있다. 그러므로 마침표, 콜론, 세미 콜론, 쉼표 또는 느낌표 등 모든 구두점에 대해서도 신경을 써야 한다.

구조를 나타내는 문법적 열쇠

의미	구조의 이해에 도움을 주는 간단한 표현들
원인	왜냐하면, …때문에, …이기에
이유	왜냐하면, …때문에, …이기에
결과	그래서, 그러므로
목적	…하기 위하여, …을 위해
수단	…을 통해, …으로, …함으로
시간	…까지, …할 때, …할 때마다, …하자마자
장소	…에서, …로부터, …까지
방법	…와 같이, …방법으로

노트: 여기에 열거되지 않은 문법적 열쇠들도 많이 접하게 될 것이다. 그 때 그 때마다, 문맥에 따라 판단력을 발휘해서 적절한 의미를 찾아내야 할 것이다. 이 장의 끝부분에 있는 에베소서 6장 10-12절 본문의 구조를 작성하는 예를 참조하도록 하라.

내용 또는 주제의 열쇠

때로는 문법의 열쇠를 가지고 구조를 이해할 수 없는 경우가 있다. 이러한 경우에는 다음과 같은 것들이 구조를 이해하는 데에 도움을 줄 것이다.

- 내용의 변화
- 새로운 주제의 등장
- 반복
- 기술 형태 변화 등등

기술 형태의 변화에 대한 예는 저자가 선언적인 표현을 해 나가다가 갑자기 명령문으로 바꾸는 식의 경우를 들 수 있다. 이러한 변화를 신중하게 고려하면서 본문의 구조를 이해해야 할 것이다.

본문 구조의 이해를 위한 4단계

본문의 구조를 이해하는 데에 필요한 4단계를 소개한다.

- 가능성이 있는 모든 문법의 열쇠와, 내용 또는 주제의 열쇠들을 찾아낸다.
- 더 중요한 열쇠들과 덜 중요한 열쇠들을 구별한다. 본문의 구조를 이해함에 있어서 더 중요한 열쇠들에 더 많은 비중을 두어야 한다.
- 더 중요한 열쇠들의 의미나 그 중요성을 이해해야 한다.

- 열쇠들의 중요성을 감안해서 본문 구조의 아웃라인을 작성한다.

이러한 본문 구조 이해의 과정은 더 중요한 열쇠들을 덜 중요한 열쇠들로부터 분리할 수 있게 해준다. 마치 우리 몸에 몸의 각 부분을 연결해 주며 또 나뉘게 하는 뼈들 중에 커다란 뼈가 있고 작은 뼈가 있는 것과 마찬가지로, 성경의 본문 속에도 (또한 잘 쓰여진 모든 글들도 마찬가지로) 커다란 뼈가 있고 작은 뼈가 있다. 본문의 크고 작은 단락의 구분을 잘할 수 있어야 한다. 성경의 본문들 속에 커다란 뼈와 작은 뼈가 있다고 한다면, 어떻게 위의 4단계 작업을 활용할 수 있는지 알아보도록 한다.

커다란 뼈와 작은 뼈(구조를 이해하기)
- 모든 뼈들을 이해하라.
- 커다란 뼈들과 작은 뼈들을 구분하라.
- 커다란 뼈들의 의미와 그 중요성을 이해하라.
- 그 중요성들을 감안해서 뼈들을 정돈하라.

이제 어떻게 이 4단계를 본문에 적용할 것인가? 성경 본문을 가지고 직접 설명하며 예를 들어 본다.

첫째, 가능성이 있는 모든 문법의 열쇠, 내용 또는 주제의 열쇠들을 찾아낸다. 종이를 꺼내서 본문을 옮겨 적는다. 길거나 특이하거나 반복되는 단어들과 구절들을 먼저 찾아낸 후에, 더 중요한 단어들을 이해하는 데 도움을 주는 덜 중요한 단어들에 동그라미를 치거나, 밑줄을 긋거나, 또는 색칠을 한다. 다음과 같은 문장을 예로 들어 보자: "라메쉬는 배가 고프기 때문에 먹기 위해서 학교에서 집으로 왔다." 이 문장은 구조를 이해하는 데 도움이 되는 세 개의 단어들을 가지고 있다: "때문에", "에서", "위해서".

둘째, 더 중요한 열쇠들과 덜 중요한 열쇠들을 구별한다. 구조를 이해하는 데 도움이 되는 위의 세 개의 단어들, 즉 "때문에", "에서", "위해서"가 의미를 전달하기 위해 꼭 필요한 단어들이기는 하지만, 모두 똑같은 중요성을 가지고 있는 것은 아니다. "때문에"라는 표현은 뼈들을 연결시키는 역할을 하므로 "에서"나 "위해서"라는 표현보다 더 중요하다. "때문에"는 문장의 두 부분을 연결해 주고 있다. "에서"는 "집"과 "학교"라는 두 단어를 연결시켜 주고 있다. "위해서"는 "학교"와 "먹는다"는 표현을 연결시켜 주고 있다. 그러므로 더욱 중요한 "뼈를 연결하는" 표현을 덜 중요한 표현과 구별해 주어야 한다.

셋째, 더 중요한 열쇠들의 의미나 그 중요성을 이해해야 한다. 이 단계에서는 앞에 있던 구조를 나타내는 문법적 열쇠 도표를 참조해야 한다. 때로는 그것들을 이해해 가면서 그것들을 분리해야 하지만, 또 때로는 뼈들을 분리해 가면서 그 뼈들의 중요성과 기능과 용례를 이해하게 되는 경우도 있다.

라메쉬의 배고픔에 관한 위의 예문을 다시 보면, "때문에"라는 표현은 이유를 설명해 주고 있다. 그보다 덜 중요한 "으로"라는 표현은 장소를 나타내고 있다. 또한 "위해서"는 목적을 말하고 있다.

마지막으로, 열쇠들의 중요성을 감안해서 본문의 구조의 아웃라인을 작성한다. 구조를 이해하고 나면 저자의 강조하는 바를 근거로 해서 본문의 아웃라인을 작성할 수 있게 된다. 더 중요한 열쇠들과 덜 중요한 열쇠들을 구별함으로써 본문의 상세한 내용들을 서로 연결해 주고 있는 본문 전체의 구조 또는 골격을 이해하는 데에 도움을 얻게 된다.

저자가 강조하는 바들에 근거하여 본문의 구조를 이해하고 나면, 저자의 강조하는 바가 드러나도록 아웃라인을 작성해야 한다. 커다란 뼈에 해당하는 내용들이 아웃라인의 맨 왼쪽에 나타나야 한다. 그리고 작은 뼈들은 아웃라인의 오른쪽에 나타나게 된다. 아웃라인은 아래와 같은 모양을 갖게 된다.

    I.
        A.
            1.
                a.
                    (1)
                        (a)
   II.
        A.
            1. (등등)

구조를 나타내는 표현들 또는 뼈들을 연결해 주는 연결고리들은 연결되는 단어들의 중요성을 나타내 준다. 덜 중요한 것들일수록 아웃라인에서 더 오른쪽에 위치하게 된다.

가장 중요한 구조의 열쇠: 로마 숫자 — I, II, III
그 다음 중요한 구조의 열쇠: 영어 대문자 — A, B, C

그 다음 중요한 구조의 열쇠: 아라비아 숫자 — 1, 2, 3
그 다음 중요한 구조의 열쇠: 영어 소문자 — a, b, c
그 다음 중요한 구조의 열쇠: 괄호 속의 아라비아 숫자 — (1), (2), (3)
그 다음 중요한 구조의 열쇠: 괄호 속의 영어 소문자 — (a), (b), (c)

위의 "라메쉬는 배가 고프기 때문에 먹기 위해서 학교에서 집으로 왔다"라는 예문은 "때문에"라고 하는 커다란 연결고리가 하나 있으므로 두 개의 부분으로 나뉘게 된다.

Ⅰ. 라메쉬는 집으로 왔다
Ⅱ. 이유 (때문에): 배가 고파서

다음에는 "에서"와 "위해서"라고 하는 문장의 첫 부분에 관련된 두 개의 작은 뼈들이 있다. 그러므로 문장의 첫 부분에 다음과 같은 두 개의 중요한 구조 열쇠가 생긴다.

Ⅰ. 라메쉬는 집으로 왔다
   A. 라메쉬는 학교에서 집으로 왔다
   B. 라메쉬는 먹기 위해서 집으로 왔다
Ⅱ. 라메쉬가 집으로 온 이유는 배가 고프기 때문이었다

두 번째 부분에는 구조 열쇠가 없기 때문에 아웃라인상에 로마 숫자 Ⅱ 아래에는 그 다음 수준의 아웃라인이 없는 것을 보게 된다. 아웃라인을 구성하는 과정에서 주의해야 할 것은, 두 번째 수준의 아웃라인이 없이 세 번째 수준은 있을 수 없으며, 세 번째 수준의 아웃라인이

없이 네 번째 수준의 아웃라인은 있을 수 없다는 사실이다. 아웃라인을 작성할 때에 항상 그 앞의 수준의 아웃라인에 근거하여 다음 수준의 아웃라인이 나와야 한다는 것이다. 에스라 7장 10절의 본문을 가지고 예를 들면서 설명을 해본다.

> 에스라가 여호와의 율법을 연구하여 (연구할 것을 1) (그리고 1) 준행하며 (준행할 것을 2) (그리고 2) 율례와 (그리고 3) 규례를 이스라엘에게 가르치기로 (가르칠 것을 3) 결심하였었더라.

먼저, 본문에 나타나는 모든 구조의 열쇠들(본문의 의미를 이해하는데에 영향을 미치는 단어들)을 찾아낸다. 이 본문에는 "의", "것을 1", "그리고 1", "것을 2", "그리고 2", "그리고 3", "것을 3" 등이 구조의 열쇠이다. 이 중에 더 중요한 구조의 열쇠는 "의", "것을 1", "그리고 1", "것을 2", "그리고 2", "것을 3"이다. 덜 중요한 구조의 열쇠는 "그리고 3"이 된다.

다음으로 더 중요한 구조 열쇠의 의미와 중요성을 이해하도록 한다.

- "것을"이라는 표현은 세 번 사용되고 있으며 이 절을 세 부분으로 나눌 수 있는 근거를 제공해준다.
- 더 중요한 구조의 열쇠인 "그리고"라는 표현은 첫번째와 두 번째 "것을" 사이와, 두 번째와 세 번째 "것을" 사이에 두 번 사용되고 있다.

이제는 아웃라인을 작성한다. 문법의 열쇠와, 내용 또는 내용의 열쇠를 통해 이 절에는 세 개의 중요한 대지가 있음을 알게 되었다.

에스라는 결심했다:

  Ⅰ. 여호와의 율법을 연구하여 (연구할 것을 1)
    (그리고 1)
  Ⅱ. (여호와의 율법을) 준행하며 (준행할 것을 2)
    (그리고 2)
  Ⅲ. 가르치기로 (가르칠 것을 3)
    a. 율례와
    (그리고 3)
    b. 규례를 이스라엘에게

이 절이 얼마나 매끈하게 세 부분으로 나뉘었는지를 보기 바란다. 세 번째 대지는 덜 중요한 구조의 열쇠, 즉 "그리고 3" 때문에 두 개의 그 다음 수준의 소지를 가지고 있음을 볼 수 있다. 벌써 설교의 아웃라인이 서서히 표면으로 부상하는 것을 보게 된다.

본문의 주요 부분들을 요약한다

요약이라고 하는 것은 크게 도움이 되는 작업이다. 요약은 기본적으로 성경 전체, 각 권, 각 장, 그리고 각 단락 등의 문맥을 이해하면서 연구하려고 하는 본문의 내용을 일목 요연하게 보는 작업이다. 예를 들면, 성경의 저자는 어떤 한 가지 요점을 전하기 위해 여러 가지 상세한 내용들을 기술하게 된다. 본문의 흐름을 이해하게 됨에 따라 본문의 주된 내용을 알아내게 된다. 본문에 나타나는 각각의 대지들(아웃라인 상에 로마 숫자로 표시되는 내용들)을 요약함으로써 결과적으로 저자가 염두에 두고 있는 주제와 주된 의도를 알 수 있다.

본문의 단락들을 요약함으로써 본문의 주된 흐름을 발견할 수 있다. 이 과정은 또한 다음 단계, 즉 하나의 주제 또는 중심 명제를 중심으로 해서 설교의 구조를 작성하는 제3단계의 과정에도 커다란 도움을 주게 된다.

요약하기 위해서는 본문의 구조를 분석하면서 작성했던 아웃라인으로 되돌아가야 한다. 그리고는 아웃라인의 대지의 수준에 담겨져 있는 개념들을 가지고 완성된 문장의 형태로 요약한다.

에스라 7장 10절의 주요 부분은 다음과 같이 요약할 수 있다.

Ⅰ. 에스라는 여호와의 율법을 연구할 것을 결심했다(10절 상)
Ⅱ. 에스라는 여호와의 율법을 준행할 것을 결심했다(10절 중)
Ⅲ. 에스라는 여호와의 율법을 이스라엘에게 가르칠 것을 결심했다 (10절 하)
   A. 에스라는 여호와의 율례를 가르치기로 했다
   B. 에스라는 여호와의 규례를 가르치기로 했다

적용

에베소서 6장 10-12절로 돌아가서 제2단계, 즉 구조의 이해 및 요약의 과정을 적용해 보라. 이미 앞에서 제1단계의 과정, 즉 본문, 단어들, 관계들에 대한 연구는 마쳤다. 이 본문을 자세히 연구함으로 해서, 당신은 자신의 생각보다는 성경의 권위에 기초하여 말씀을 전하는 강해 설교자로 변모해 갈 것이다.

10 종말로 너희가 주 안에서와 (그리고) 그 힘의 능력으로 강건하여지고
11 마귀의 궤계를 (궤계에 대하여) 능히 대적하기 위하여 (대적해야 하기 때문에) 하나님의 전신갑주를 입으라
12 (왜냐하면) 우리의 씨름은 혈과 육에 대한 것이 아니요 (그러나) 정사(에 대하여)와 권세(에 대하여)와 이 어두움의 세상 주관자들(에 대하여)과 하늘에 있는 악의 영들에게 대함이라(대함이기 때문이다).

구조의 이해

아래의 4단계를 다 밟아 가며 에베소서 6장 10-12절의 구조를 이해한다.

1. 모든 뼈들을 이해하라(이탤릭체로 표시되었음)
2. 커다란 뼈들과 작은 뼈들을 구분하라
3. 커다란 뼈들의 의미나 그 중요성을 이해하라
4. 그 중요성들을 감안해서 뼈들을 정돈하라

본문에 대한 몇 가지 힌트

10절: "종말로"라는 표현은 본문과 그 앞의 부분을 연결시켜 주고 있다. 저자는 새로운 생각을 전개하기 시작하고 있음을 알려 주며, 그러기에 이 구조의 열쇠는 중요한 역할을 담당하고 있다. 다음으로 "안에서"와 "으로"는 "그리고"에 의해 연결되고 있으며, 서로 동일한 중요성을 가지고 있다. 그러므로 "주 안에서"와 "그 힘의 능력으로"라는 표현은 아웃라인을 작성할 때에 동일한 중요성을 갖게 될 것이다. 여기 "안에서"와 "으로"가 가지고 있는 의미가 무엇인지를 결정해야 한다(역자 주: 두 표현 모두 영어로는 "in"으로 번역되는 원어를 가지고 있다). 여기서는 "수단"의 의미를 가지고 있다. 즉, 강하게 되는 방법은 "주 안에서" 가능하게 된다는 뜻이 된다. "의"라는 구조의 열쇠는 문장 전체보다는 구절에만 영향을 미치고 있기 때문에 그리 중요한 역할을 담당하고 있지는 않다.

이러한 힌트들을 가지고 이제 10절의 구조를 이해하도록 한다.

11절: "하나님의 전신갑주" 속에 있는 "의"는 전체 구조에 영향을 줄 만큼 중요하지는 않다. "때문에"(역자 주: 필자는 "위하여"보다는 "때문에"가 더 맞는 번역으로 이해하고 있다)라는 표현은 매우 중요하다. 그것은 이유를 표현해 주고 있다. "대한" 또는 "대하여"라는 표현은 앞에 있는 구조를 나타내는 문법적 열쇠 도표에는 나타나고 있지 않다. 그 도표에 모든 문법적 열쇠가 다 포함되어 있지는 않기 때문이다. 이러한 것들은 그 때마다 의미를 부여해 주어야 할 것이다. "마귀의 궤계"에서 "의"라는 표현 역시 특별한 의미를 갖고 있지 않다.

이러한 힌트들을 가지고 11절의 구조를 이해하도록 한다.

12절: 맨 처음에 있는 "왜냐하면"은 매우 중요하다. 번역하는 자들이 여기서 절을 끊어 줌으로써 생각의 흐름을 여기서 자르고 새로운 생각의 시작을 12절에서 하도록 했다. 여기서 당신은 11절과 12절 사이의 분리가 10절과 11절 사이의 분리만큼, 사고의 흐름에 분리가 이루어지고 있는지를 결정해야 한다. 이에 따라서 우리는 두 개의 다른 아웃라인을 생각해 볼 수 있다.

I. 10절
II. 11절
III. 12절

혹은

I. 10절
II. 11-12절

"왜냐하면"은 분명히 11절에 대한 이유를 설명해 주고 있다. 그리고 11절에서 시작된 사고의 흐름의 일부를 이루고 있다. "그러나"는 "혈과 육"을 우리의 영적 싸움의 대상인 다른 모든 것들로부터 구별시켜 주고 있다. 필자는 "사탄의 체계"라는 표현 속에 이 모든 것들을 포함시키려고 한다. "대하여"는 여러 번 반복되고 있으며, 우리가 경험하게 될 대적들을 칭하고 있다. "대하여"라는 표현은 반복되고 있으며 또한 "그러나"와 함께 쓰이고 있으므로 아웃라인을 작성하는 데에 중요한 역할을 담당하게 될 것이다. 각각의 영적 싸움의 대상들은 같은 중요성을 가지고 있다.

이러한 힌트들을 가지고 12절의 구조를 이해하도록 한다.

에베소서 6장 10-12절의 구조 이해

필자가 이해하는 에베소서 6장 10-12절의 구조를 소개한다. 당신 스스로 한 것과 비교해 보도록 하라. 어떻게 해서 필자가 이해하는 구조가 나왔을 것인가를 생각해 보라. 그리고 당신의 구조는 왜 그렇게 나왔는가도 생각해 보도록 하라.

주된 구조의 열쇠는 아웃라인의 대지를 제공해 준다.

"종말로"(10절)
"입으라"는 명령(11-12절)

그 다음 수준의 구조의 열쇠들은 다음 수준의 요지를 제공해 준다.

Ⅰ. "종말로"(10절)
   A. 그 방법: "주 안에서"(10절 상) 그리고
   B. 그 방법: "그 힘의 능력으로"(10절 하)
Ⅱ. "입으라"는 명령(11-12절)
   A. 첫번째 이유: "때문에"(11절)
   B. 두 번째 이유: "왜냐하면"(12절)

요약하기

이제는 이 절의 주요 부분을 요약하도록 한다. 자신의 대지들을 가지고 직접 요약해 보도록 하라. 그리고 필자의 요약이 왜 그렇게 나왔을까 생각해 보도록 하라.

여기 필자의 요약이 있다.

> I. 강건할 수 있는 방법은 주 안에서와 그 힘의 능력을 통해서이다(10절)
> II. 하나님의 전신갑주를 입어야 하는 이유는 사탄의 궤계를 대적하며 사탄의 체계와 씨름해야 하기 때문이다(11-12절)
>
> 위의 요약 내용은 주된 구조의 열쇠들을 근거로 이루어졌음을 유의하라.

에베소서 6장 10-12절에 대한 필자의 구조와 아웃라인을 소개한다. 지금까지 이 책에 소개된 내용을 이해했다면, 필자의 구조 뒤에 있는 논리를 이해할 수 있을 것이다.

I. 강건할 수 있는 방법은 "주 안에서와 그 힘의 능력을 통해서이다(10절)
  A. 우리는 주 안에서 강건해야 한다(10절 상)
  B. 우리는 그 힘의 능력 안에서 강건해야 한다(10절 하)

II. 하나님의 전신갑주를 입어야 하는 이유는 사탄의 궤계를 대적하며 사탄의 체계와 씨름해야 하기 때문이다(11-12절)
  A. 하나님의 전신갑주를 입어야 하는 첫번째 이유는 사탄의 궤계를 대적해야 하기 때문이다
  B. 하나님의 전신갑주를 입어야 하는 두 번째 이유는 사탄의 체계와 씨름해야 하기 때문이다
    1. 우리의 씨름은 혈과 육에 대한 것이 아니다(12절 상)

2. 우리의 씨름은 사탄의 체계에 대한 것이다(12절 하)
    a. 사탄의 체계는 정사로 구성되어 있다
    b. 사탄의 체계는 권세로 구성되어 있다
    c. 사탄의 체계는 어두움의 세상 주관자들로 구성되어 있다
    d. 사탄의 체계는 하늘에 있는 악의 영들로 구성되어 있다

이제 설교하기 원하는 본문에 대한 완성된 아웃라인을 가지고 있다. 이것은 성경의 말씀을 설교하는 데에 커다란 도움과 권위를 가져다 준다. 설교 준비를 제2단계까지만 하고 아웃라인만을 가지고 설교한다고 하더라도, 적어도 성경의 본문에 충실하다고 하는 자신감은 가지고 설교할 수 있을 것이다. 그러나 여기에서 중단하고 강단에 올라가서 설교를 한다면, 그것은 설교가 아니라 그저 강의에 지나지 않게 될 것이다. 강해설교에 있어서 아주 재미있는 것들이 아직도 너무 많이 남아 있다. 제3단계로 가기 전에 제1, 2단계의 기초를 착실하게 쌓아 두어야 한다.

본문의 중심 명제
설교 본문의 심장

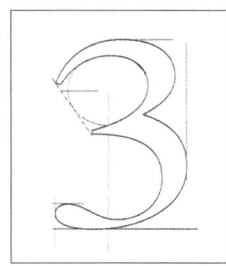

```
                                    7 설교의 선포
                              6 설교의 구조
                        5 설교의 중심 명제
                  4 목적의 다리
            3 본문의 중심 명제
      2 본문의 구조
1 본문의 연구
```

말씀 조각 과정의 일곱 단계

성경을 번역하는 사람들은 성경을 단락으로 나누어 놓았는데, 각 단락은 각기 하나의 주된, 지배적인, 또한 두드러지게 나타나는 내용을 가지고 있다. 사실, 단락은 하나의 주제를 가지고 있는 본문의 단위라고 정의할 수 있다. 이러한 주된 내용을 "본문의 중심 명제"(CPT, Central Proposition of the Text))라고 부르기로 한다. 각각의 중심 명제는 두 부분으로 이루어져 있다: 주제와 술어.

앞에서 내린 강해설교의 정의에 있어서의 특징은 "성경 본문의 중심 명제를 현대적 감각에 맞게 전달하는"데에 있었다. 바로 이 중심 명제가 본문의 심장에 해당한다. 그리고 설교자는 바로 이 중심 명제를 찾아내야 한다. 이 중심 명제는 때로는 "본문의 중추", "본문의 강조점", "설교의 원동력" 또는 "빅 아이디어"라고 불리기도 한다.[1]

중심 명제의 구성
주제 (제목 또는 논제)
술어 (보충 또는 주장)

중심 명제는 주제를 중심으로 본문이 얽혀지고 있는 것을 의미한다. 우리는 성도들이 듣고 이해하며 순종할 수 있는 하나의 메시지를 전달하기 원하기 때문에 각 본문의 중심 명제를 현대의 감각에 맞는 언어들을 사용해서 전달해야 한다. 만일 우리가 본문의 중심 명제에 대해 확신이 없다고 한다면 하나님 말씀의 진리를 성도들에게 전달하는 일에 있어서 불필요한 존재들이 되고 말 것이다.

중심 명제에 대한 권위자들의 의견을 들어 보자.

"본문을 간단한 명제로 줄여 보도록 하라. 그리고 그것을 직조틀로 사용하여 그 위에 본문의 실을 놓고 천을 짜 나가는 것이다. 주된 개념이 포함되어 있는 여러 가지 용어들을 사용하면서 그 주된 개념을 설명해 나가야 한다. 말씀을 듣는 사람들의 마음속에 나사못을 박듯이 박아 나가야 한다. 이것보다 더 강한 힘을 갖고 있는 도구는 없다. 몇 번만 돌려 주면, 아무리 강한 힘으로도 다시 빼낼 수가 없게 될 것이다."

찰스 시몬
존 스타트의 I Believe in Preaching, 226쪽

"강해설교란 성경 본문의 역사적, 문법적, 문학적 연구를 통하여 얻은 진리를, 성령님의 역사하심을 통하여 먼저는 설교자 자신에게 적용시키고, 또 듣는 자들에게 적용시키는 설교를 의미한다."[2]

허드슨 로빈슨
Biblical Preaching, 33쪽

본문의 중심 명제를 찾아내는 작업

본문의 중심 명제는 본문 속에 있는 보는 상세한 부문들을 하나로 묶어 주며, 또한 그것들에게 의미를 부여해 주는 하나의 사고 단위다. 뒤에 나오는 제5단계에서 다루게 되는 "설교의 중심 명제"의 경우에도 "설교"라는 부분을 제외하고는 똑같은 정의를 내릴 수 있다.

중심 명제의 모양은?

중심 명제는 항상 완성된 문장의 형태를 취하게 된다. 완성된 문장이 아니라고 한다면, 그 정의상 명제가 될 수 없다.

중심 명제의 구성 요소는?

중심 명제는 두 개의 구성 요소를 가지고 있다.

- 본문의 주제: 본문의 주제는 '저자가 이 본문에서 무엇에 대해 말하고 있는가'에 대한 답변을 제공해 준다.
- 본문의 술어: 본문의 술어는 '저자가 이 본문에서 말하고 있는 주제에 대해서 무엇이라고 말하고 있는가'에 해당하는 부분이다.

주제: 저자가 본문에서 무엇에 대해 말하고 있는가?
술어: 저자가 본문의 주제에 대해서 무엇이라고 말하고 있는가?

어떻게 중심 명제를 추출하는가?

중심 명제는 본문의 구조를 이해하며 아웃라인을 작성하는 제2단계의 과정에서 찾아낼 수 있다. 문법적인 열쇠나 내용의 변화를 근거로 해서 큰 단락들로 나누게 된다. 더 중요한 열쇠들과 덜 중요한 열쇠들을 보면서 큰 단락을 더 작은 단락들로 나눈다. 내용의 변화나 문법적인 열쇠들이 단락 구분의 기준이 된다. 각각의 큰 단락은 나름대로의 주제를 갖게 된다. 저자가 이 주제들을 서로 어떻게 연결짓고 있는가를 봄으로 전체 본문의 중심 명제를 찾아낼 수 있게 된다.

에베소서 4장 7-16절을 예로 사용하여 설명해 본다. 그 후에 더 짧은 본문인 에베소서 6장 10-12절에 이 방법을 적용해 보기 바란다. 먼저 에베소서 4장 7-16절을 세 번 읽어 보길 바란다. 천천히, 그리고 정신을 집중해서 읽어 보라.

　7 우리 각 사람에게 그리스도의 선물의 분량대로 은혜를 주셨나니

　8 그러므로 이르기를 그가 위로 올라가실 때에 사로잡힌 자를 사로잡고 사람들에게 선물을 주셨다 하였도다

　9 올라가셨다 하였은즉 땅 아랫 곳으로 내리셨던 것이 아니면 무엇이냐

　10 내리셨던 그가 곧 모든 하늘 위에 오르신 자니 이는 만물을 충만케 하려 하심이니라

　11 그가 혹은 사도로, 혹은 선지자로, 혹은 복음 전하는 자로, 혹은 목사와 교사로 주셨으니

　12 이는 성도를 온전케 하며 봉사의 일을 하게 하며 그리스도의 몸을 세우려 하심이라

　13 우리가 다 하나님의 아들을 믿는 것과 아는 일에 하나가 되어 온전한 사람을 이루어 그리스도의 장성한 분량이 충만한 데까지 이르리니

　14 이는 우리가 이제부터 어린아이가 되지 아니하여 사람의 궤술과 간사한 유혹에 빠져 모든 교훈의 풍조에 밀려 요동치 않게 하려 함이라

　15 오직 사랑 안에서 참된 것을 하여 범사에 그에게까지 자랄지라 그는 머리니 곧 그리스도라

　16 그에게서 온 몸이 각 마디를 통하여 도움을 입음으로 연락하고 상합하여 각 지체의 분량대로 역사하여 그 몸을 자라게 하며 사랑 안에서 스스로 세우느니라

1. 7-11절은 한 가지 사실을 말하고 있다. 즉, 승천하신 메시아께서 선물을 주셨다는 점이다(내용의 변화가 구조를 이해하며 아웃라인을 작성하는 데 중요한 실마리가 된다는 점을 기억하라). 7-11절은 같은 주제 또는 하나의 통일된 내용을 다루고 있다. 사실상 11절에서 끊어야 좋을지 12절에서 끊어야 좋을지를 결정해야 한다. 나는 7-11절 전체를 한번에 설교할 계획이기 때문에 12절에서 일단 끊었다. 그러나 이 본문을 두 번에 나눠서 설교를 하게 된다면, 11절 서두의 문법적인 열쇠를 근거로 해서 7-10절을 먼저 설교하고, 11-16절을 두 번째에 할 것이다.

2. 12-13절은 메시아께서 선물을 주신 목적 또는 이유를 설명해 주고 있다. 12절의 "이는…세우려 하심이라"고 되어 있는 표현은 메시아께서 선물을 주신 목적이나 이유를 설명한다고 본다. 역시 12-13절도 같은 주제 또는 하나의 통일된 내용을 말하고 있음을 보게 된다. 선물을 주신 것은 교회가 영적인 성숙에 이르기까지 교회를 세우기 위함이다.

3. 14-16절은 공동체로서의 교회의 영적 성숙을 위해 메시아께서 선물을 주셨다는 사실이 갖게 되는 실생활에서의 의미를 설명하면서, 7-13절에서 언급한 선물을 주는 과정의 결과에 대해 말하고 있다. 14절에 있는 "이는…함이라"는 표현은 14-16절의 내용이 7-13절의 내용의 결과임을 알려 주고 있다. 14-16절 역시 같은 주제 또는 하나의 통일된 내용을 가지고 있음을 본다.

이제 본문의 중심 명제를 찾아내기 위해서, 위에서 얻어 낸 세 개의 주제, 요지 또는 요약의 내용들을 종합해 본다. 중심 명제를 찾아내는 과정 속에 우리는 정확성과 적절성을 추구해야 한다. 중심 명제는 본문을 정확하게 반영해 주어야 하며, 또한 동시에 본문 전체를 섭렵하는 것이 되어야 한다. 제3단계로 오기 전에 1단계와 2단계를 밟는 것이 절대로 필요하다.

여기 에베소서 4장 7-16절 본문에 대한 중심 명제가 있다: 승천하신 그리스도께서 교회에 선물을 주신 목적은 구비된 성도들이 함께 힘을 합하여 교리적인 성숙과 기능적인 안정을 이루도록 교회를 세우는 데에 있다.

이 문장을 분석해 보자. 이 문장은 본문의 주제(즉, 저자가 에베소서 4장 7-16절의 본문에서 무엇에 대해 말하고 있는가?)와 본문의 술어(즉, 저자가 이 본문에서 말하고 있는 주제에 대해서 무엇이라고 말하고 있는가?)를 담고 있는가?

주제

한 단락의 주제는 구체적이어야 한다. 만일 에베소서 4장 7-16절의 주제가 무엇이냐고 물었을 때, 그저 "영적인 선물 (은사)이다"라고만 답을 한다면, 그 대답은 맞기는 하지만 "정확"하지는 않다. "영적인 선물"(은사)이라는 주제는 로마서 12장이나 고린도전서 12장 또는 베드로전서 4장 7절의 주제도 될 수 있기 때문이다. 또는 본문의 주제가 "교회를 세우는 것"이라고도 말할 수 있다. 그러나 역시 맞는 대답이기는 하지만 적절하지는 못하다. 그 이유는 본문 전체를 다 섭렵하는 주제는 되지 못하기 때문이다.

그러므로 정확하고도 적절한 중심 명제를 얻어 내기 위해서는 본문의 모든 주된 요점들이나 요약 정리한 내용들에서 뽑아낸 단일한 주제를 집어넣어야 한다. 문법적인 열쇠나 내용의 열쇠들을 통해 무엇이 본문을 주도하고 있는 주제인지를 알 수 있게 된다 — 저자가 무엇에 대해 말하고 있는가? 위의 본문에서는 승천하신 그리스도께서 영적 은사를 주신 목적에 대해 말하고 있다. "목적"이라는 개념이 빠지게 되면 그 중심 명제는 본문을 제대로 대변해 주지 못하거나 정확한 것이 되지 못한다.

술어

이제 주제의 술어가 무엇인가를 알아보자. 저자는 주제에 대하여 무엇을 말하고 있는가? 은사를 주시는 목적은 구비된 성도들이 힘을 합해 일함으로 교리적으로 성숙하고 기능적으로 안정된 교회로 세워 나가는 것이라고 저자는 말하고 있다. 그러므로 이 본문의 완성된 명제는 다음과 같다: 승천하신 그리스도께서 영적 은사를 주신 목적은 구비된 성도들이 힘을 합해 일함으로 교리적으로 성숙하고 기능적으로 안정된 교회로 세워 나가기 위함이다.

적용

위에서 한 방법대로 에베소서 6장 10-12절의 내용을 공부해 보라. 중심 명제, 즉 주제와 술어를 찾아내도록 해보라.

본문에 관한 연구의 조직화 작업

말씀으로 설교를 조각해 가는 과정의 이 시점에서는 지금까지 본문에 대해 연구했던 모든 것들, 즉 1단계로부터 3단계의 모든 내용들을 한두 페이지 정도로 옮겨 적어 본다. 이것들을 기초로 해서 이제 설교의 차원(4단계로부터 7단계)으로 옮겨 가게 된다. 다음과 같은 방법으로 본문에 대해 연구한 내용들을 글로 옮겨 적으면서 조직화시키면 아주 효과적일 것이다(아래에 나오는 예를 참조하도록 하라).

- 본문에 임시 제목을 붙여 보라. 이 제목은 거의 중심 명제의 주제에 해당하는 것일 수도 있다.
- 할 수 있다면, 본문의 흐름이나 논리의 전개를 반영해 가면서 본문을 직접 다시 번역하든지 또는 풀어서 써 보는 것도 추천할 만하다. 풀어 쓸 경우에는 저자의 논리 전개를 확실히 이해하고 난 후에 풀어 써야 한다. 에베소서 4장 11-13절을 풀어 써 본 예를 다음에 제시해 놓았다.
- 본문의 중심 명제를 글로 쓴다(주제와 술어를 완성된 문장의 형태로 적는다. 이 문장은 길 필요는 없지만, 적절한 길이를 가져야 한다. 더 연구를 해 나가면서 줄이거나 늘릴 수가 있다).
- 아웃라인을 작성하여 글로 쓴다(모든 대지들과 소지들도 역시 완전한 문장의 형태를 갖춰야 한다).

이러한 과정을 다 마치게 되면, 본문 연구에 관한 한 설교 준비를 완벽하게 했다고 말할 수 있을 것이다.

조직화 작업 형태의 예

본문의 제목
(성경 본문)

사역(私譯) 또는 풀어 쓰기
1절:
2절:
3절:

본문의 중심 명제
주제:

술어:

완전한 문장: 주제와 술어를 함께 사용해서 완전한 문장으로 중심 명제를 작성한다.

아웃라인
Ⅰ.
   A.
      1.
      2.
   B.
      1.
      2.

Ⅱ.
   A.
   B.
      1.
      2.
      3.
   C.

Ⅲ.

> 위의 작업 형태를
> 에베소서 4장 11-13절에 적용한 예

은사를 주시는 목적
에베소서 4장 11-13절

풀어 쓰기
11절: 그리고 그 분께서는 (승천하신 그리스도) 어떤 사람들은 사도로, 어떤 사람들은 선지자로, 어떤 사람들은 전도자로, 그리고 어떤 사람들은 목사와 교사로 주셨다.

12절: (그 목적은) 섬기는 일을 할 수 있도록 성도들을 구비시켜서 (준비시켜서), (그 결과로) 그리스도의 몸을 세우려는 것이다.

13절: 우리 모두가 믿음과 하나님의 아들을 아는 일에 하나가 됨을 이룰 때까지, 성숙한 사람이 될 때까지, 그리스도의 완전함에 속하는 모습에 이를 때까지 (성도들을 구비시키는 일을 계속 할 것이다).

본문의 중심 명제
주제: 승천하신 그리스도께서 사람들을 교회에 은사로 주신 목적
술어: 교회가 그리스도를 닮은 성숙을 이룰 때까지 세움을 받도록 하기 위해서
완성된 중심 명제: 승천하신 그리스도께서 사람들을 교회에 은사로 주신 목적은 교회가 그리스도를 닮은 성숙을 이룰 때까지 세움을 받도록 하기 위함이다.

아웃라인
I. 승천하신 그리스도께서는 교회에 네 부류의 사람들을 은사로 주셨다(11절)

A. 그분은 어떤 사람들은 사도로 주셨다
  B. 그분은 어떤 사람들은 선지자로 주셨다
  C. 그분은 어떤 사람들은 전도자로 주셨다
  D. 그분은 어떤 사람들은 목사와 교사로 주셨다
Ⅱ. 이들을 은사로 주신 것은 교회가 세움을 받도록 하기 위함이다(12절)
  A. 이들은 섬기는 일에 성도들을 구비시키기 위해 주셨다(12절 상)
  B. 성도들을 구비시키는 일은 몸을 세우는 결과를 가져오게 된다 (12절 하)
Ⅲ. 이들은 성도들이 전체적으로 그리스도를 닮게 되는 때까지 성도들을 구비시켜야 한다
  A. 이들은 하나님의 아들을 아는 지식에 근거하여 성도들이 믿음에 하나됨을 이룰 때까지 성도들을 구비시켜야 한다(13절 상)
  B. 이들은 성도들이 모두 성숙한 몸을 이룰 때까지 성도들을 구비시켜야 한다(13절 중)
  C. 이들은 성도들이 그리스도의 완전함에 이를 때까지 성도들을 구비시켜야 한다(13절 하)

적용 Ⅰ

이번에는 제 1, 2, 3단계의 작업을 시편 117편에 적용시켜 보도록 한다. 가장 짧고도 간단한 시편 117편은 우리 신학 대학원에서 설교 작성 연습에 자주 애용되는 본문이다. 다음의 내용들을 공부하기 전에 먼저 두 번 정도 본문을 읽어 보도록 하라.

1 너희 모든 나라들아 여호와를 찬양하며
  너희 모든 백성들아 저를 칭송할지어다
2 우리에게 향하신 여호와의 인자하심이 크고
  진실하심이 영원함이로다
  할렐루야

제1단계: 본문의 연구

시편을 연구하다 보면 "찬양", "모든", "나라들", "인자하심", "여호와의 진실하심" 등과 같은 표현들을 많이 접하게 된다. 이러한 표현들을 자세히 연구하면 메시지에 활력을 줄 수 있는 것들을 얻게 될 것이다.

제2단계: 본문의 구조

이 시편의 구조를 이해하는 데에 결정적인 역할을 하고 있는 것은 2절 끝부분에 있는 "(때문)이로다"라는 표현이다. 본문의 골격은 아래와 같이 구성해 볼 수 있다.

Ⅰ. 시편 기자는 모든 사람들이 여호와를 찬양할 것을 권하고 있다 (1절)
Ⅱ. 여호와의 인자하심과 진실하심을 찬양해야 한다(2절)

제3단계: 본문의 중심 명제

이 시편의 주제는 무엇인가? 깊이 생각해 보고 난 후에 아래의 문장을 완성해 보도록 하라: 시편 117편에서 저자는 _____
_____ 에 대해 말하고 있다.

만일 "여호와를 찬양하는 것"이라고 답을 했다면, 그것은 부분적인 답에 불과하다. 왜냐하면 문법적인 열쇠가 되는 "(때문)이로다"라는 표

> 현을 고려하지 않았기 때문이다. 저자는 단순히 여호와를 찬양하라고만 말하고 있지 않다(이것은 대부분의 시편들의 주제가 될 수 있을 것이다). 저자는 "모든 백성들이 여호와를 찬양해야 되는 이유"에 대해 말하고 있다. 이 강조점을 2절 끝부분의 "(때문)이로다"라는 표현 속에서 발견할 수 있다.
>
> 자, 이제 본문의 술어는 무엇인가? 저자는 본문의 주제에 대하여 무엇이라고 말하고 있는가? 아래의 문장을 완성하라: 모든 백성들이 여호와를 찬양해야 하는 이유는_____
> _____.
>
> 본문을 제대로 이해했다면 시편 117편의 중심 명제에 대해 아래 정도의 내용을 얻게 될 것이다: 모든 백성들이 여호와를 찬양해야 하는 이유는 여호와의 인자하심과 진실하심 때문이다.

이 중심 명제를 다시 한번 보면서 어떻게 내가 이러한 중심 명제를 얻어 내게 되었는지를 이해하라. 여기까지의 과정을 잘 이해했기를 바라는 마음이다. 이러한 작업의 중요성에 대해 다시 한번 강조하고 싶다. 만일 당신이 하나님의 말씀을 올바로 전하는 자가 되기를 진정 원한다면, 성경의 저자가 강조하는 바를, 즉 본문 속에 나타난 진리를 성도들의 마음속에 심어 주기를 갈구해야 할 것이다. 바로 그 중심 명제를 찾아내기 위해서는 입증된, 그러나 좀 지루하기도 한 이 방법을 사용해야 할 것이다. 그러나 이 방법이야말로 본문의 진리가 당신 몸의 일부분이 되도록 해주는 효과적인 방법이기도 하다. 본문을 외우려고 노력할 필요도 없다. 이 방법대로 본문을 연구하다가 보면 설교할 때쯤 되어서는 자연스럽게 본문의 내용을 깊이 숙지할 수 있게 될 것이다.

적용 II

아래에 나오는 본문들의 중심 명제들을 찾아내 보라:
  에베소서 6장 1-4절

1 자녀들아 너희 부모를 주 안에서 순종하라 이것이 옳으니라
2 네 아버지와 어머니를 공경하라 이것이 약속 있는 첫계명이니
3 이는 네가 잘되고 땅에서 장수하리라
4 또 아비들아 너희 자녀를 노엽게 하지 말고 오직 주의 교양과 훈계로 양육하라

주제: _____

술어: _____

중심 명제: _____

에베소서 6장 1-3절만의 중심 명제는 무엇인가?
  에베소서 6장 1-3절

주제: _____

술어: _____

중심 명제: _____

에베소서 6장 4절만의 중심 명제는 무엇인가?
　　에베소서 6장 4절

　　　주제: _____
　　　_____

　　　술어: _____
　　　_____

　　　중심 명제: _____
　　　_____

　앞에서 연구했던 에베소서 6장 10-12절의 중심 명제를 아래에 써보라.
　　에베소서 6장 10-12절

　　　주제: _____
　　　_____

　　　술어: _____
　　　_____

　　　중심 명제: _____
　　　_____

목적의 다리
설교의 두뇌

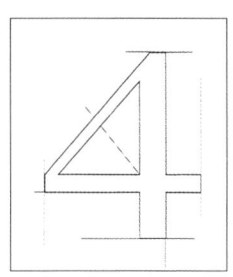

	7 설교의 선포
	6 설교의 구조
	5 설교의 중심 명제
	4 목적의 다리
	3 본문의 중심 명제
	2 본문의 구조
	1 본문의 연구

말씀 조각 과정의 일곱 단계

　이제 우리는 설교 준비 과정 중에 가장 중요한 과정으로 들어가게 된다. 이 다리를 건너고 나면 성경의 본문을 연구하는 해석적인 노력을 지나 성경을 선포하는 설교학적인 노력으로 옮겨가게 된다. 제4단계는 바로 "목적의 다리"를 건축하고 그것을 건너가는 과정이다.[1] 제4단계는 강해설교를 듣는 성도들에게 현실감있게 만드는데에 결정적인 영향을 미치게 된다. 여기까지 이르게 되면, 이제 모든 중요한 작업은 사실 모두 끝난 셈이다. 본문의 살(1단계), 골격(2단계) 그리고 심장(3단계)이 다 조성된 상황이다. 문법적 열쇠들과 내용의 열쇠들을 통해 얻어 낸 대지와 소지들을 근간으로 설교 본문의 골격은 다 짜맞춰진 상태이다.

그러므로 우리는 설교의 두뇌에 해당하는 목적의 다리 앞에 서 있다.[2]

설교 목적의 목적

설교의 두뇌에 해당되는 설교의 목적은 설교의 준비 과정 및 전달 과정에 여러 면에서 영향을 미치게 된다. 유효 적절한 설교의 목적은

1. 설교에서 제기될 성도들의 필요에 설교의 서론이 집중할 수 있도록 해준다.
2. 설교의 본문에 무엇이 삽입되어야 하며 무엇이 빠져야 하는지를 결정해 준다.
3. 설교의 결론과 적용의 내용들에 영향을 끼치게 된다.
4. 설교의 목적을 이루는 데 필요한 예화들을 선택하는 데에 도움을 준다.
5. 설교의 성공 여부를 측정하는 데에 필요한 좀더 객관적인 기준을 제공해 준다.
6. 무엇보다도 중요한 것은, 설교의 목적은 설교의 중심 명제에서 주제의 형태를 결정짓는 데에 직접적인 영향을 미치게 된다.

성경 본문과 설교 사이를 연결짓는 고리로서 설교의 목적의 중요성은 말로 다할 수 없이 크다고 하겠다.³

설교의 목적 설정

설교의 목적을 발견하며 그것을 서술하는 데에 어떠한 방법을 사용해야 할까?⁴ 우리는 아래와 같은 질문들을 던지며 또 답을 함으로써 설교의 목적을 발견한다(목적의 다리를 건축한다): 본문의 중심 명제에 근거해서 하나님께서는 성도들이 무엇을 이해하며 순종하기를 원하고 계신가?

본문의 목적이 주관심사가 아니라는 것을 주목하기 바란다. 본문의 목적은 본문의 중심 명제를 결정하는 과정 속에 이미 영향을 미쳤을 것이다. 물론 설교의 목적은 본래의 청중들에 대한 성경 저자의 기대했던 바와 일맥 상통해야 할 것이다. 우리는 이미 앞에서 밟아 온 1, 2, 3단계 과정의 덕택으로 설교의 목적을 설정하는 데 있어서 억지나 오류에서 보호받을 수 있다.

설교의 목적과 본문의 목적의 접목

본문의 중심 명제에 근거하여 설교의 목적을 발견해 감에 있어서 아래에 있는 양립성에 관한 두 개의 질문들에 답을 해야 한다.

1. 나의 설교의 목적이 본문의 목적과 양립할 수 있다고 하는 주석

적인 또는 신학적인 증거들을 가지고 있는가? 이 질문은 설교자로 하여금 본문에 충실할 수 있도록 해준다.
2. 나의 설교의 목적이 성도들의 필요에 부합하고 있다는 사회학적인 또는 심리학적인 증거들을 가지고 있는가? 이 질문은 성도들에게 현실감이 있는 설교를 할 수 있도록 해준다.

본문의 중심 명제는 설교할 본문 위에 공고하게 서 있다. 자, 이제 본문의 중심 명제를 근거로 설교를 통해 성도들이 무엇을 이해하고 순종할 것을 기대할 것인가?

성도들을 잘 이해하는 것이 아주 중요하다. 목적의 다리를 건축해 나가면서 다음과 같은 아주 중요한 질문을 던져야 한다: 본문의 중심 명제에 비추어서 성도들의 필요가 무엇이며 그들이 어떠한 상황에 처해 있는가?[5]

우리는 오직 시간을 같이 보냄으로써 성도들을 이해할 수 있게 된다. 모든 성도들에게 다 잘 통하는 설교는 없다. "장거리" 목회는 성경적으로도 그 근거를 찾을 수 없으며, 성도들도 좋아할 리가 없다.

목적의 다리
가장 중요한 점: 우리 성도들의 필요가 무엇이며 성도들이
어떠한 상황에 처해 있는가?

제4단계의 과정을 이사야 19장 18-25절과 에베소서 4장 7-16절의 본문을 예를 들어 설명해 보겠다. 그 다음에는 당신이 직접 에베소서 6장 10-12절의 본문을 가지고 목적을 찾아보기 바란다.

이사야 19장 18-25절

18 그 날에 애굽 땅에 가나안 방언을 말하며 만군의 여호와를 가리켜 맹세하는 다섯 성읍이 있을 것이며 그 중 하나를 장망성이라 칭하리라

19 그 날에 애굽 땅 중앙에는 여호와를 위하여 제단이 있겠고 그 변경에는 여호와를 위하여 기둥이 있을 것이요

20 이것이 애굽 땅에서 만군의 여호와를 위하여 표적과 증거가 되리니 이는 그들이 그 압박하는 자의 연고로 여호와께 부르짖겠고 여호와께서는 한 구원자, 보호자를 보내사 그들을 건지실 것임이라

21 여호와께서 자기를 애굽에 알게 하시리니 그 날에 애굽인이 여호와를 알고 제물과 예물을 그에게 드리고 경배할 것이요 여호와께 서원하고 그대로 행하리라

22 여호와께서 애굽을 치실 것이라도 치시고는 고치실 것인고로 그들이 여호와께로 돌아올 것이라 여호와께서 그 간구함을 들으시고 그를 고쳐 주시리라

23 그 날에 애굽에서 앗수르로 통하는 대로가 있어 앗수르 사람은 애굽으로 가겠고 애굽 사람은 앗수르로 갈 것이며 애굽 사람이 앗수르 사람과 함께 경배하리라

24 그 날에 이스라엘이 애굽과 앗수르로 더불어 셋이 세계 중에 복이 되리니

25 이는 만군의 여호와께서 복을 주어 가라사대 나의 백성 애굽이여, 나의 손으로 지은 앗수르여, 나의 산업 이스라엘이여, 복이 있을지어다 하실 것임이니라

1991년초에 벌어진 중동 지방의 위기 사태는 온 세계의 이목을 집중시켰다. 미약함과 정복, 연민과 힘, 고통과 절망의 혼합된 감정이 미국 전역에 역력하게 드러났다. 바로 이 시기에 나는 달라스 신학 대학원과 휘튼 대학에서 설교를 하기로 되어 있었다. 중동전에 대해 찬성하는 사람들과 반대하는 사람들이 양쪽 학교에 다 있었다. 내가 선택한 본문은 바로 이사야서 19장 18-25절의 말씀이었다. 1단계와 2단계의 과정을 마치고 3단계에 오게 되었다.

이 본문의 중심 명제는 아래와 같다: 중동 지방에 있는 이스라엘의 대적들은 장차 다가올 하나님 나라에서 여호와의 언약의 백성으로 변하게 될 것이다. 이 예언적인 본문의 중심 명제는 멀리 떨어져 있다 (과거와 미래로!). 그래도 이 본문 역시 성경에 포함되어 있다. 이 본문 역시 하나님의 영감으로 기록된 성경이고 또 유익한 말씀이기에 선포되어야 했다.

이제 목적의 다리(4단계)가 나의 설교의 초점을 선명하게 해주며 어디에 설교의 무게가 놓여져야 하는지에 대해 알려 줄 것이다. 본문을 설교함에 있어서 여러 개의 목적이 가능하다. 앞에서 언급한 양립성에 관한 질문을 던져 본 후에 나는 아래와 같은 몇 개의 목적을 적어 보았다.

1. 하나님의 구원의 은혜는 결국 이스라엘의 대적에게까지도 미치게 될 것을 입증하기 위한 목적
2. 중동 지방의 정치적인 문제가 언젠가는 다 풀리게 될 것이라는 소망을 제공하기 위한 목적

이러한 목적들은 양립할 수 있으며 또한 적합하다고 생각했다. 내

가 이러한 목적들을 이룰 수 있다면, 나는 성경의 본문에 충실하면서도 청중들에게 희망을 안겨다 줄 수 있을 것이라고 생각했다.

첫번째 목적은 유대인들에게 그들의 성경인 구약성경을 가지고 증명해 보이고 싶었다. 중동에 있는 아랍의 청중들에게는 두 번째 목적을 가르쳐 주었다. 그러나 나는 계속해서 세번째 목적을 찾아보기로 했다. 이 목적 역시 마찬가지로 본문에 충실하면서도 청중들의 필요(상처받고 나뉘어진 미국 시민들)에 적절한 것이 되어야 한다. 다음과 같은 세 번째 목적을 생각하게 되었다: 장차 다가올 하나님의 나라에서 하나님께서 갖고 계시는 중동 지방을 향한 계획을 받아들이고, 현재 역사적으로 벌어지고 있는 전쟁의 참화를 초월해서 살아갈 수 있도록 해주기 위한 목적.

한 개의 본문 가운데 여러 개의 목적이 있을 수 있고, 또 한 개의 본문을 가지고 여러 가지로 설교를 할 수 있다. 그러나 무한한 것은 아니다. 설교자는 본문의 중심 명제 안에서 자유로워야 하며, 또한 그것에 의해 제한도 받아야 한다. 본문의 중심 명제가 허락하는 목적의 수만큼 설교가 가능하게 된다. 설교의 목적을 좀더 세심하게 다듬으면서 당신이 섬기는 성도들의 상황에 적절하게 맞추어 나가야 할 것이다.[6]

에베소서 4장 7-16절

이 본문의 중심 명제를 근거로 해서 우리는 적어도 세 개의 목적을 끌어낼 수 있다(제3단계에서 연구한 내용을 다시 참조해 보라). 여기 세 개의 목적을 제시한다.

1. 그리스도의 몸 안에 있는 각각의 성도들이 은사를 받았다는 것

을 알려 주기 위한 목적

2. 성도들이 섬길 수 있도록 그들을 구비시킬 것에 대해 교회의 지도자들에게 도전을 주기 위한 목적

3. 개 교회에서 그리스도의 몸을 세워 나가는 일에 성도 각 사람을 참여시키고자 하는 하나님의 계획을 이해시키며 순종할 수 있도록 성도들을 도전하기 위한 목적

    나는 일반적인 측면과 특수한 측면에서 세 번째 목적을 택했다. 일반적으로, 나는 인식시키기 위한 목적보다는 행동하게 하기 위한 목적을 가지고 설교하기를 선호한다. 보통 행동적인 목적은 성경에서 가르치는 내용에 근거를 두고 있기 때문에 듣는 사람의 생활을 변화시키는 목적뿐 아니라, 본문을 통한 생각의 변화 또는 내용을 전달하는 목적도 동시에 이룩할 수 있게 된다.
    특수한 측면에서, 우리 교회의 성도들과 그들의 필요를 염두에 둘 때 세 번째 목적이 우리 교회의 상황에 아주 필요한 내용이다. 만일 교회 지도자들만 모인 집회에서 설교를 한다면 두 번째의 목적이 적합할 것이다. 다시 말하면, 설교의 상당한 부분은 결국 같은 내용이 되겠지만, 나는 같은 본문을 가지고 두 개의 다른 청중을 위해 두 개의 다른 방법으로 설교할 수 있다는 뜻이다.

적용

더 읽기 전에 먼저 에베소서 6장 10-12절의 중심 명제를 끌어내도록 하라. 그런 다음 성도들의 필요와 처한 상황을 염두에 두고 "하기 위한 목적"이라는 표현을 사용해서 목적을 작성하도록 하라. 당신이 작성한 중심 명제를 가지고 여러 개의 목적을 생각해 볼 수 있을 것이다.

본문의 중심 명제는 대충 아래와 비슷하게 될 것이다.

주제: 하나님의 크신 능력의 전신갑주를 입어야 하는 이유들
술어: 사탄의 궤계에 대적하며, 사탄의 체계에 대항하여 싸울 수 있도록 하기 위해서
완성된 중심 명제: 하나님의 크신 능력의 전신갑주를 입어야 하는 이유들은 사탄의 궤계에 대적하며, 사탄의 체계에 대항하여 싸울 수 있도록 하기 위함이다.

이 중심 명제를 근거로 설교할 수 있는 목적들이 무엇이 있는가? 두 개를 들어 본다.

1. 사탄의 공격과 전략을 알려 주기 위한 목적
2. 성도들로 하여금 사탄과 싸울 때에 하나님의 크신 능력의 전신갑주를 입도록 자극하기 위한 목적

이 두 개의 목적은 본문으로부터 정당하게 도출된 것들이다. 첫번째 목적은 내용 중심이며, 두 번째 목적은 행동 중심으로 되어 있다. 나는 두 가지 이유에서 두 번째 목적을 택할 것이다. 먼저, 행동의 변화를 촉구하면서 동시에 본문의 내용을 다룰 수 있기 때문이다. 또한 본문의 목적은 단순히 내용을 전달하는 것으로 충분하지 못하기 때

> 문이다. 두 번째로는, 우리 성도들은 단순히 사탄에 대한 정보를 제공받는 것 이상으로 어떻게 사탄과 싸워야 할 것인가를 알아야 할 필요가 있기 때문이다. 좀더 정확하게 말한다면, 13-17절에 나타나고 있는 하나님의 전신갑주를 입는 문제에 대한 "무엇"과 "어떻게"가 이 본문의 목적은 아니라는 뜻이다. 우리는 이 본문이 주고 있는 중심 명제에 충실히 집착해야 한다. 즉, 왜 하나님의 전신갑주를 입어야 하는가의 문제를 다루어야 한다.

다음 단계(제5단계)를 위한 힌트: 당신이 작성한 목적은, 아직 다 듬어지지 않았다 하더라도 대부분 설교의 중심 명제의 주제를 제공해 준다.

설교의 중심 명제
설교의 심장

```
                                    7 설교의 선포
                            6 설교의 구조
                     5 설교의 중심 명제
              4 목적의 다리
        3 본문의 중심 명제
    2 본문의 구조
1 본문의 연구
```

말씀 조각 과정의 일곱 단계

제1-3단계에서는 설교에 필요한 원자재들과 본문의 중심 명제에 대해 알아보았다. 그 다음에는 성도들에게 성경적인 충격을 주기 위해 중심 명제가 어떠한 방향으로 형성되어야 하는지에 대해 다루었다(제4단계). 다음의 세 단계에서는 우리가 설교하게 될 마지막 완성품에 대해 공부하기로 한다.

제5-7단계 역시 매우 중요한 과정들이다. 1-3단계의 과정을 마치고 나면 성경적인 진리를 가르칠 수 있게 된다. 4단계를 마치고 나면 성경이 성도들에게 요구하는 바를 선포할 수 있게 된다. 이제 5-7단계를 통과하고 나면 성경적인 진리와 성경이 요구하는 바들을 현대에 맞게, 그리고 설득력 있는 방법으로 선포할 수 있게 될 것이다.

제5단계에서는, 설교의 중심 명제(CPS, Central Proposition of the Sermon)에 대해 공부하게 된다. 여기서는 본문의 중심 명제가 목적의 다리를 통과하여 설교의 중심 명제로 옷을 바꿔 입고 나타나게 된다. 설교의 중심 명제가 이제는 설교학적인 부분으로 우리를 이끌고 나아가게 된다. 설교의 중심 명제의 중요성에 대해 유명한 설교자들의 말에 귀를 기울여 보자.

> 사람들을 위한 하나님의 살아 있는 말씀으로서의 설교는 설교를 듣는 사람들에게 설교를 듣는 그 시간, 그 자리에서 성경적인 충격을 주어야 한다. 성도들은 상세한 내용들은 다 기억하지 못한다. 또 상세한 내용들을 다 기억해 줄 것을 기대할 수도 없다. 그러나 성도들이 두드러지게 나타나는 본문의 원리는 기억할 수 있어야 한다. 왜냐하면 설교에 사용되는 모든 상세한 내용들은 주된 메시지와 그 능력을 성도들이 포착할 수 있도록 짜여져 있기 때문이다.
>
> 존 스타트
> I Believe in Preaching, 225쪽

설교의 주제는 "이 설교가 무엇에 대하여 말하고 있는

가?"라는 질문에 답을 제공하게 된다… 설교에 두 개의 요
지가 있든지 열 개의 요지가 있든지간에 설교에는 하나의
대지가 있어야 한다. 설교는 바로 그 대지에 관한 것이어
야 한다.

존 브로더스
On the Preparation and Delivery of a Sermon, 38쪽

설교를 작성함에 있어서 필수 불가결의 요소는 바로 아
이디어다. 아이디어나 주제가 전제되지 않고는 설교가 있
을 수 없다. 소설가 헨리 제임스는 소설을 써 나가는 데 있
어서 아이디어를 "세균"이라고 불렀다. 그것은 모든 예술
과 창작의 시작이며 잉태의 출발점이라고 할 수 있다. 설
교에 있어서도 마찬가지다. 결국은 바로 이 "세균"으로부
터, 그 통찰력으로부터 설교 전체가 그 싹이 발아되는 것
이다.

존 킬링거[1]
Fundamentals of Preaching, 44쪽

설교에 관한 예일 대학의 강의중에 나온 조웨트(J. H. Jowett)의 말은 아주 유명하다(스타트, 로빈슨, 그리고 다른 사람들에 의해 인용되었다).

수정과 같이 맑을 정도로 짧고도 함축적인 하나의 문장
으로 설교의 주제를 표현할 수 있기 전까지는, 우리는 아
직 설교를 하거나 글을 쓸 준비가 되지 못했다고 나는 확
신한다. 바로 그 문장을 얻어 내는 작업이야말로 설교를
위한 연구에 있어서 가장 어렵고도 가장 흥분되며 가장 생

산적인 작업이라는 것을 알게 되었다. 그 문장을 구성하기 위해 자신을 몰아치는 작업, 불투명하고 부적절하고 애매모호한 표현들을 모두 제거하는 작업, 고도의 정확도를 가지고 주제를 정의할 수 있는 단어들을 머리 속에서 끄집어내는 작업, 이것이야말로 설교를 작성하는 데 있어서 정수에 해당하는 부분 중의 하나이다. 바로 이 문장이 구름 한 점 없는 밤하늘의 달과 같이 깨끗하고 선명하게 떠오르기 전까지는 어떠한 설교도 선포되어서도, 글로 기록되어서도 안 된다고 생각한다.

J. H. 조웨트
The Preacher: His Life and Work, 133쪽

설교의 중심 명제 작성 방법

설교의 중심 명제의 필요성과 중요성을 강조하는 것은 아주 쉬운 일이다. 그러나 문제는 역시 어떻게 설교의 중심 명제를 작성하느냐이다! 성경으로 설교를 조각하는 일련의 단계들을 통해 설교의 중심 명제에 도달할 수 있는 방법을 얻을 수 있다. 이러한 단계들은 서로 깊은 관계를 가지고 있으며, 그 다음 단계는 그 앞 단계의 기초 위에 세워지게 된다.

이 과정들은 철저하게 앞뒤가 꽉 짜여져 있다. 본문에 대한 연구(제1단계)와 구조에 대한 연구(제2단계)는 본문의 중심 명제(제3단계)에 영향을 미치게 된다. 본문의 중심 명제는 설교의 목적(제4단계)에 영향을 미치게 된다. 이제 우리는 설교의 목적으로부터 설교의 중심 명제를 찾아 나가야 한다.

우리는 앞에서 중심 명제를 찾는 법을 공부했었다(제3단계). 본문이 하나의 주제/술어를 가지고 있는 것과 같이 설교도 역시 하나의 주제/술어를 갖게 된다.² 설교의 중심 명제의 경우에는 성경의 저자가 아닌 설교자 자신에게 질문들을 던지게 된다.

설교의 중심 명제
주제: 내가 무엇에 대하여 말하고 있는가?
술어: 내가 주제에 대하여 무엇을 말하고 있는가?

설교의 주제를 찾는 데 있어서 아주 중요한 힌트가 있다: 때로는 설교의 목적을 설교의 주제로 그대로 전환시키는 것이 가능하다.

에베소서 4장 11-16절의 본문의 중심 명제를 가지고 예를 들어 설명을 해본다. (여기서 오직 11-16절의 내용만을 다루는 것을 주목하기 바란다. 그 이유는 한 단락의 일부분만 가지고도 하나의 온전한 설교를 이룰 수 있다는 것을 보여주기 위해서다. 또한 당장 이 자리에서 모든 답을 다 알려 주지는 않을 것이다! 7-16절의 중심 명제와 11-16절의 중심 명제를 구별할 수 있는가?)

제3단계 주제: 교회를 성숙하게 세우시려는 그리스도의 계획
    술어: 몸된 교회 안에서 모든 성도들로 성장하게 하며 기능할 수 있도록 할 것이다.

제4단계 설교의 목적(설교의 목적은 본문의 중심 명제가 허락하는 범위 내에서 얼마든지 다양한 변화가 가능하다): 그리스도의 몸된 교회를 세우기 위한 성도 개

개인을 향하신 그리스도의 계획을 실생활에 적용하도록 성도들을 도전하는 것을 목적으로 한다.

제5단계   설교의 중심 명제(아직 다듬어지지 않은 상태, 우리는 질문의 형태를 사용해서 목적을 설교의 중심 명제의 주제로 전환시킬 수가 있다): 몸을 세우기 위해 성도 개개인을 향해 가지고 계신 그리스도의 계획은 무엇인가?

바로 이 시점에서 우리는 다듬어지시 않은 설교의 중심 명제를 좀더 특징이 있고 설교적인 스타일로 변화시키는 "현대 감각에 맞게 변환시키는 작업"을 하게 된다. 그러나 설교자가 선포해야 할 기본적인 진리는 역시 "그리스도의 몸된 교회를 세우기 위한 성도 개개인을 향하신 그리스도의 계획"이 되어야 할 것이다.

설교의 중심 명제의 술어는 몇 개의 다른 모습이 될 수 있음을 주목하기 바란다.

1. 주제는 "하나님의 이 계획은 진실로 그리스도의 몸을 세우는 결과를 가져올 것인가?"라는 질문에 적절한 해답을 주고 있음이 증명되어야 하는 경우도 있다. 11-16절만을 가지고 설교를 한다면 증명의 과정이 설교의 주강조의 대상이 되어야 할 것이다.
2. 앞에서 본 주제와 술어의 경우와 같이, 주제는 설명되어야 할 필요가 있을 수도 있다. 이 경우에 설교의 요지는 이 주제를 또는

중심 명제 전체를 설명하는 것이 될 것이다.
3. 설교의 중심 명제는 주제에 대한 복수의 술어를 갖게 되는 경우도 있다. 예를 들면 에베소서 4장 7-16절에는 "교회의 성숙에 대한 그리스도의 계획"이라고 하는 주제에 대해 세 개의 차원이 있음을 보게 된다.

술어: 1…(7-11절)
        2…(12-13절)
        3…(14-16절)

본문은 쉽게 세 부분으로 나뉘기 때문에 나는 복수의 술어를 사용해서 설교의 중심 명제를 구성하려고 한다. 앞의 제2단계에서 쉽게 나뉘는 본문의 구조를 파악한 바가 있다.
그러므로 에베소서 4장 7-16절의 설교의 중심 명제를 아래와 같이 설정해 본다.

주제: 바디빌딩을 위한 하나님의 청사진
술어: 1. 주님의 책임은 교회에 은사를 주시는 것이다(4:7-11)
      2. 교회 지도자들의 책임은 성도들을 구비시키는 것이다
         (4:12-13)
      3. 성도들의 책임은 교회를 세우는 것이다(4:14-16)

이 설교의 중심 명제를 앞의 제3단계에서 설명한 같은 본문에 대한 본문의 중심 명제와 비교해 볼 필요가 있을 것이다.

현대 감각에 맞게 변화시키는 작업

현대 감각에 맞게 변화시키는 작업을 위해서는 몇 가지 각도에서 살펴봐야 한다.[3]

중심 명제를 현대 감각에 맞게 변환

앞에서 발전시킨 설교의 중심 명제—바디빌딩을 위한 하나님의 청사진—에서 나는 일부러 "청사진", "바디빌딩"과 같이 중심 명세를 사용하여 보다 더 인상적으로 전달해 줄 수 있는 표현들을 현대 감각에 맞도록 변환시켜 보았다. 이것은 성도들의 마음에 깊이 새겨지도록 하는 데에 그 목적이 있다. 또한 이 설교의 중심 명제의 주제는 설교의 제목으로도 반복해서 사용되었다.

단어들을 현대 감각에 맞게 변환

이 작업은 효과의 증진과 강화를 위하여 단어들을 현대적인 것들로 바꾸는 작업이다. 설교자가 자신의 설교의 중심 명제를 효과적으로 전달하기 위해 사용할 수 있는 상상력에는 한계가 없다.

청중을 현대 감각에 맞게 변환

현대의 설교자들은 에베소 지방의 성도들에게, 또는 모세가 이끌었던 사람들에게 설교를 하고 있는 것은 아니다. 바로 자신들의 성도들이 청중이다. 설교의 중심 명제와 대지들은 성도들의 상황에 맞게 구체화되어야 한다. 예를 들어 "에베소 성도들은 도전을 받았습니다"라고 말하기보다는 "우리는 도전을 받습니다"라고 말하는 것이 맞다는 뜻이다. 설교자가 전달하는 설교의 중심 명제는 일반적인 대상에게 두리뭉실하게 퍼져 가는 불빛이 아니라, 특정한 성도들에게 초점이 맞춰지는 레이저 광선과 같은 것이다. 설교의 중심 명제는 항상 성경의 본문을 그 권위 있는 빛의 근원으로 삼고 있다.

설교의 중심 명제를 성도들의 삶의 현장에 접목시키기 위해 중심 명제를 지나치게 일반화시키는 실수를 막기 위해서 색인 4 "원리화의 과정에 주의할 점들"을 참고하라. 또한 본문의 내용을 무조건 시간을 초월한 영원한 진리로 보편화하려고 하다 보면 본문이 속해 있는 문맥의 중요성을 잊어버릴 위험에 빠지기도 한다. 나는 한번은 히브리서 11장의 아브라함에 관한 본문을 가지고 좋은 아버지가 되는 법에 대한 설교를 하는 것을 들은 적이 있다. 좋은 아버지가 되는 것을 반대하는 것은 아니다. 또한 이러한 주제의 필요성과 중요성을 무시하는 것도 아니다. 그러나 문제는 과연 본문이 이 주제를 말하고 있는가 하는 것이다. 그렇지 않다. 아주 "중요한" 문제에 대한 훌륭한 설교이지만 본문이 주는 권위를 갖고 있지 못한 설교이다.

또한 설교의 중심 명제로부터 적용의 내용들도 현대 감각에 맞게 변환시켜야 한다. 이 문제는 제6단계인 "설교의 구성"에서 다루기로 한다.

두운법(頭韻法)

나는 에베소서 4장 7-16절의 중심 명제의 세 개의 요지를 두운법을 사용함으로 성도들의 기억을 도우려고 했다: Lord's, leader's, laity's; endow, equip, enable. 현대 감각에 맞게 변환시키는 노력은 항상 필요하며 도움이 되지만, 이 두운법은 항상 그런 것은 아니다. 무조건 두운법을 사용해야 한다고 생각하는 설교자들이 있다. 두운법은 설교에 도움을 주려는 것이 목적이지 본문의 내용을 뒤트는데에 있지는 않다! 설교의 중심 명제와 대지들을 더욱 분명하고 잘 기억할 수 있게 해줄 때에만 그 목적을 달성한다고 볼 수 있다.

현대 감각에 맞도록 변환시키는 과정의 예

성도들이 설교의 중심 명제를 잘 기억할 수 있고 또 잘 이해할 수 있도록 하기 위해서는 성도들에게 맞는 표현들로 바꾸는 노력을 계속해야 할 것이다. 이것은 "스타일"에 관한 문제이다. 성도들의 입장을 이해하고 나면, 이제 그들이 가장 잘 이해할 수 있는 표현들을 가지고 설교의 중심 명제를 표현할 수 있게 될 것이다. 이 점을 설명하기 위해 요한계시록 4장 1-11절의 말씀을 가지고 예를 들어 본다. 먼저, 나의 설교의 중심 명제를 이해하기 위해서 요한계시록 4장 1-11절 말씀을 읽도록 하라.

> 1 이 일 후에 내가 보니 하늘에 열린 문이 있는데 내가 들은 바 처음에 내게 말하던 나팔소리 같은 그 음성이 가로되 이리로 올라 오라 이 후에 마땅히 될 일을 내가 네게 보이리라 하시더라
> 2 내가 곧 성령에 감동하였더니 보라 하늘에 보좌를 베풀었고 그 보좌 위에 앉으신 이가 있는데

3 앉으신 이의 모양이 벽옥과 홍보석 같고 또 무지개가 있어 보좌에 둘렸는데 그 모양이 녹보석 같더라

4 또 보좌에 둘려 이십사 보좌들이 있고 그 보좌들 위에 이십사 장로들이 흰 옷을 입고 머리에 금면류관을 쓰고 앉았더라

5 보좌로부터 번개와 음성과 뇌성이 나고 보좌 앞에 일곱 등불 켠 것이 있으니 이는 하나님의 일곱 영이라

6 보좌 앞에 수정과 같은 유리 바다가 있고 보좌 가운데와 보좌 주위에 네 생물이 있는데 앞 뒤에 눈이 가득하더라

7 그 첫째 생물은 사자 같고 그 둘째 생물은 송아지 같고 그 셋째 생물은 얼굴이 사람 같고 그 넷째 생물은 날아가는 독수리 같은데

8 네 생물이 각각 여섯 날개가 있고 그 안과 주위에 눈이 가득하더라 그들이 밤낮 쉬지 않고 이르기를 거룩하다 거룩하다 거룩하다 주 하나님 곧 전능하신이여 전에도 계셨고 이제도 계시고 장차 오실 자라 하고

9 그 생물들이 영광과 존귀와 감사를 보좌에 앉으사 세세토록 사시는 이에게 돌릴 때에

10 이십사 장로들이 보좌에 앉으신 이 앞에 엎드려 세세토록 사시는 이에게 경배하고 자기의 면류관을 보좌 앞에 던지며 가로되

11 우리 주 하나님이여 영광과 존귀와 능력을 받으시는 것이 합당하오니 주께서 만물을 지으신지라 만물이 주의 뜻대로 있었고 또 지으심을 받았나이다 하더라

제3단계—본문의 중심 명제: 역사의 문제들을 다스리시는 하나님 고유의 통치권은 하늘에 거하는 모든 존재들에 의해 인식되고 있다.

제4단계—목적: 이 본문의 중심 명제를 가지고 몇 개의 다른 목적을 생각해 볼 수 있다. 특별히 요한이 염두에 두고 있던 원래의 독자들을 고려해 볼 때 더욱 그러하다. 앞의 제4단계에서 언급했던 "양립성"에 관한 질문들을 기억하는가? 아래에 다른 두 개의 설교를 형성할 두 개의 목적을 제시해 본다.

1. 본래 저자인 사도 요한이 염두에 두었던 것처럼 당시에 핍박을 당하고 있었거나 또는 앞으로 다가올 핍박을 당할 사람들을 격려하기 위해 본문을 기록한 것과 같이, 현재에 핍박을 당하고 있는 사람들을 격려하는 것을 그 목적으로 삼을 수 있다.

2. 성도들로 하여금 자기 생활의 주도권을 하나님께 내어드리도록 도전하는 것을 그 목적으로 삼을 수 있다. 물론 양립성에 관한 질문을 던져 봐야 한다. 요한계시록은 자기들 스스로 인생의 주권을 지니고 있다고 생각하는 사람들을 도전하는 것을 목적으로 삼고 있기도 했다는 것을 입증할 수 있다.

나는 두 번째의 목적을 택한다. 왜냐하면 내가 섬기는 성도들은 자신들의 삶 속에서 스스로 하나님 행세를 하려는 경향이 강하기 때문이다.

제5단계—설교의 중심 명제: 일단 설교의 중심 명제를 생각해 본다. 목적이 어떻게 질문의 형태를 가지고 설교의 중심 명제의 주제로 변환되었는가를 주시해 보기 바란다.

    주제: 왜 당신은 하늘의 보좌를 걸머쥐려고 해서는 안 되는가?
            또는 왜 당신이 하나님 행세를 해서는 안 되는가?
    술어: 왜냐하면 하늘의 피조물들이 모두 하나님께서만 주권의 보좌
            에 앉아 계시는 것을 인식하고 있기 때문이다.

    이 주제와 술어는 정확하게 본문을 반영해 주고 있으며, 또한 성도들에게도 적절한 내용이다. 그러나 좀더 산뜻하고 기억에 오래 남을 수 있는 것이면 더 좋을 것이다(그렇다고 정식의 명제를 설교 중간 중간에 언급하는 것을 금하는 것은 아니다).
    나는 생각을 좀더 한 후에 "보좌에서 내려오라!"는 것으로 주제를 현대화시켰다. 이 표현을 설교의 서론, 본론, 그리고 결론에서 반복 사용한다면 성도들이 오래 기억할 수 있도록 해줄 수가 있게 된다. 이 표현은 실제적인 삶에 적용하기도 쉽다. 사실, 나는 삶 속에서 스스로를 높이려는 유혹을 받게 될 때, 이 표현을 내 자신에게 상기시키곤 한다.

적용

　　예술가의 입장에서 에베소서 6장 10-12절을 연구해 보도록 하라. 생각해 보며, 되새겨 보며, 묵상해 보며, 적절한 설교의 중심 명제를 만들어 보며 다시 재고해 보도록 하라. 이 책의 내용을 더 공부하기 전에 이 작업을 해보기를 권한다. 지금까지 앞에서 제안했던 내용들을 근거로 나의 설교의 중심 명제를 소개해 본다.

제3단계 -　본문의 중심 명제: 하나님의 막강하신 능력의 전신갑주를 입어야 하는 이유는 마귀의 궤계를 대적하며 마귀의 세력들과 싸우기 위함이다.

제4단계 -　목적: 마귀와의 싸움 속에 막강한 하나님의 전신갑주를 입도록 동기를 부여하는 것을 목적으로 삼는다.

제5단계 -　설교의 중심 명제: 목적을 설교의 중심 명제의 주제로 변환시킨다.
　　　　　주제: 왜 성도들은 하나님의 막강하신 능력의 전신갑주를 입어야 하는가?
　　　　　술어: 마귀의 궤계를 대적하며 마귀의 세력과 싸우기 위함이다.

　　이 시점에서 설교의 중심 명제를 설교를 듣는 자들이 잘 기억할 수 있도록 현대적인 감각에 맞는 표현으로 바꾸는 것이 바람직하다. 위에 있는 설교의 중심 명제를 아래와 같이 바꿔 볼 수 있을 것이다.

주제:　　당신이 경험하는 사탄과의 싸움에서 왜 주권적인 하나님의 능력이 필요한가?

술어:　　그것은 사탄의 궤계를 대적하며 사탄의 세력을 물리칠 수 있도록 해주기 때문이다.

설교의 구조
설교의 골격

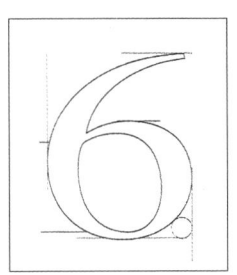

말씀 조각 과정의 일곱 단계

7 설교의 선포
6 설교의 구조
5 설교의 중심 명제
4 목적의 다리
3 본문의 중심 명제
2 본문의 구조
1 본문의 연구

   일반적으로 말해서 모든 설교는 서론, 본론 그리고 결론의 세 부분으로 이루어진다.

   설교 구성의 과정은 이 세 부분 전체와, 그리고 세 부분의 각 부분과 관련을 맺게 된다. 이 세 부분을 각각 또한 전체적으로 발전시키는 과정이 바로 설교를 구성하는 과정이 된다.

설교의 세 부분을 발전시키는 방법은 여러 가지가 있다. 그러나 어떠한 방법을 사용하든지 통일성과 질서, 그리고 진전의 세 요소를 갖춰야 한다. 통일성은 본문의 중심 명제를 중심으로 설교 전체를 구성할 때 가능하게 된다.[1] 질서와 진전은 설교의 설계 구조와 본론의 구조를 통해 보여주어야 한다. 설교의 설계 구조는 앞의 제4단계에서 다루었던 목적과 관련되어 있으며, 본론의 구조는 설교하는 본문을 반영해주는 본문내의 각 부분들의 배열과 관련을 맺고 있다.

설교 본론의 구조는 종종 제2단계에서 다룬 본문의 아웃라인의 단락 구분을 따르게 된다(물론 똑같은 표현과 순시는 아닐지라도). 현대의 성도들을 위해 본문의 아웃라인을 강조하는 것은 매우 중요하다. 현대의 성도들의 귀에 잘 들릴 수 있도록 하기 위해서는 본문의 표현이 생생한 표현이 될 수 있도록 많은 노력을 해야 한다.

기본적으로, 설교는 두 가지 방법, 즉 연역적 혹은 귀납적인 방법으로 작성한다. 이 두 방법을 쉽게 구별하는 방법은 설교의 중심 명제가 어디에 놓였는가를 보면 된다. 즉, 연역적인 설교에서는 설교의 본론에 들어가기 전에 설교의 중심 명제가 완전히 소개된다. 귀납적인 설교에서는 설교의 끝부분에 설교의 요약 또는 증명의 형식으로 설교의 중심 명제가 소개된다. 성경 본문으로부터 설교의 중심 명제를 도출하고, 또 그 중심 명제를 바르게 전달하고 설명할 수만 있다면, 여러 가지 다양한 방법을 사용해서 설교를 구성할 수 있을 것이다.

굵은 뼈와 잔 뼈들

앞의 2단계에서 굵은 뼈와 잔 뼈에 대한 이야기를 나눈 것을 기억하리라 믿는다. 6단계에서는 설교의 구조를 정하기 위해서 "뼈들을 맞추는" 문제에 대해 살펴보기로 한다.

　설교에 있어서 굵은 뼈들은 서론, 본론 그리고 결론이다. 설교의 중간 크기의 뼈들은 서론내에 있는 몇 개의 요지들과 본론내의 대지들이다. 잔 뼈에 해당하는 것은 본론의 대지 사이 사이에 있는 소지들이 될 것이다. 하나의 대지 아래에는 몇 개의 소지가 있을 것이고, 또 그 소지들은 필요에 따라서는 각기의 더 작은 소지들을 갖게 되기도 한다. 뼈대가 다 갖춰지면 우리는 여기에 살을 붙여 나가게 될 것이다(제7단계).

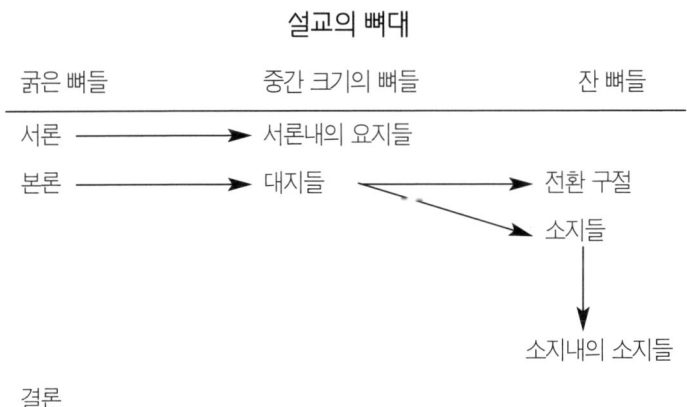

　설교는 일반적으로 다음에 나오는 도표와 같은 구조를 갖게 된다. 이 도표의 배열을 먼저 잘 이해한 후에 계속 읽어 나가도록 하라.

설교의 구조

설교의 제목
설교 본문

Ⅰ. 설교의 서론
    A. 서론내의 요지
Ⅱ. 설교의 본론
    A. 첫번째 대단원
        1. 첫번째 중단원
            a. 첫번째 소단원
            b. 두 번째 소단원
        2. 두 번째 중단원
    B. 두 번째 대단원
        1. 첫번째 중단원
        2. 두 번째 중단원
    C. 세 번째 대단원
Ⅲ. 결론

    세 개의 굵은 뼈들, 즉 서론, 본론 그리고 결론이 가장 중요한 흐름임을 기억하라. 이 세 개의 흐름 속에 다시 부차적인 흐름들이 있다. 그 수는 상황에 따라 바뀔 것이다. 서론, 본론 그리고 결론, 이 세 개의 굵은 뼈들은 전체 구조의 설계적인 구조이다. 그리고 대단원, 중단원, 소단원과 같은 설교 본문의 부분들은 성경 본문 자체를 다루는 본론의 구조이다.

    그런데, 설계의 구조와 본론의 구조의 구별은 성경적인 설교에 관한 또 하나의 질문에 대한 답을 제공해 준다. 설교는 본문을 중심으로 구성해야 되는가 아니면 성도들을 중심으로 구성해야 하는가? 이 책에서 제시하고 있는 설교를 준비하는 과정에 관한 한 이 질문은 별 큰 차이를 가져오지 않을 수 있다. 본문의 중심 명제가 설교자가 임의로 설교를 구성하지 않도록 본문을 보호해 줄 것이다. 그러나 이 질문에 대한 답으로서, 설교의 흐름의 형태는 (설교의 중심 명제와 대지들과 함께) 성도들을 염두에 두고 구성되어야 한다고 제안하고 싶다. 본론의 내용은 본문 중심이다. 성도들에 관한 고려는 설교의 형식적인 또는 외형적인 면에 영향을 미치게 된다. 본문에 대한 고려는 설교의 내용과 내적인 면에 영향을 미치게 된다. 그러나 어떠한 경우에도 설교가 설교자를 중심으로 구성되어서는 안 될 것이다!

본문 중심	성도 중심
본문을 염두에 둔 설교	성도를 염두에 둔 설교
• 본문의 중심 명제 전달	• 설교의 목적 • 설교의 중심 명제 전달 • 설교 전체의 구조
• 서론내의 요지 • 설교 본론의 구조	• 서론 • 적용 • 결론

적용 I

자, 이제 위의 도표에 있는 아웃라인을 중심으로 설교 구조의 상세한 내용을 채워 나갈 수가 있을 것이다.

설교의 구조

설교의 제목
설교 본문

I. 설교의 서론

만일 설교가 연역적인 입장을 취한다면 서론의 끝부분에 설교의 중심 명제가 밝혀질 것이다. 귀납적인 접근을 시도하는 설교의 경우에는 주제에 관해서만 언급을 하게 될 것이다.

A. 서론내의 요지

여러 가지 내용을 이곳에서 말할 수 있을 것이다. 배경에 대한 설명, 문맥에 관한 설명, 그리고는 본문으로 전환해 간다; 대단원들을 소개하며 설교의 중심 명제 또는 주제를 소개한다; 본문이 어떻게 나뉘는가를 소개한다; 본문의 중심 명제를 소개하거나, 설교의 첫번째 대지 또는 첫번째 대단원을 소개한다.

II. 설교의 본론

A. 첫번째 대단원

(설교의 대단원의 수는 제2단계의 과정에서 본문을 연구하는 과정 중에 도출된 대지의 수에 의해 결정되게 된다.)이 대단원내에 있는 중단원들에 대한 소개를 잊어서는 안 된다.

  1. 첫번째 중단원
  선택 사항: 너무 지루해질 위험이 없다고 생각되고 또 필요하다면 중단원 내에 있는 소단원들에 대한 소개를 먼저 하고 설교를 계속할 수도 있다.
    a. 첫번째 소단원

b. 두 번째 소단원
   선택 사항: 첫번째와 두 번째 소단원을 복습할 수도 있다.

   2. 두 번째 중단원
   이 시점에서는 설교의 중심 명제를 복습하거나(연역적인 설교의 경우에), 주제를 복습하거나(귀납적인 설교의 경우에), 또는 앞의 중단원이나 첫번째 대단원에 대한 복습을 반드시 해야 한다. 그 후에 두 번째 대단원으로 전환해 간다.

B. 두 번째 대단원
   (첫번째 대단원에서 했던 것을 똑같이 반복한다.)이 대단원내에 있는 중단원들에 대한 소개를 잊어서는 안 된다.

   1. 첫번째 중단원
   2. 두 번째 중단원
   이 시점에서는 설교의 중심 명제를 복습하거나(연역적인 설교의 경우에), 주제를 복습하거나(귀납적인 설교의 경우에), 또는 앞의 중단원이나 첫번째 대단원들에 대한 복습을 반드시 해야 한다. 그 후에 두 번째 대단원으로 전환해 간다.

C. 세 번째 대단원
   (처음 두 대단원에서 했던 것을 똑같이 반복한다.)
   귀납적인 설교에서는 여기서 설교의 중심 명제를 분명히 설명한다. 연역적인 설교의 경우에는 강조와 복습의 효과를 위해 여기서 설교의 중심 명제를 반복해서 언급해야 할 것이다. 그리고는 결론으로 옮겨 간다.

Ⅲ. 결론

적용 II

앞의 제5단계에서 사용했던 본문을 예로 설교의 구조에 대해 살펴보자. 괄호 속에 들어 있는 내용들은 이 과정을 이해하는 데에 필요한 보충적인 설명이다. 성경을 보면서 그리고 앞에서 살펴본 1단계로부터 5단계까지의 내용을 참고하면서 이 본문의 말씀을 자세히 공부해 보기 바란다.

바디빌딩
에베소서 4장 7-16절

서론

　(그리스도의 몸된 교회의 성장과 기능 또는 "바디빌딩"에 대한 필요성을 소개한다.)

　설교의 중심 명제의 주제: 그리스도의 몸의 성장과 기능을 위한 하나님의 청사진은 무엇인가?

서론내의 요지

　설교의 중심 명제의 술어: (하나님의 청사진의 세 측면을 소개한다. 하나님의 청사진의 첫번째 측면을 소개하고 그 다음에 설교 본론의 첫번째 대지로 넘어간다.)

본론

I. 주님의 책임은 교회에 은사를 주시는 것이다 (7-11절)
　(주님께서 허락하시는 은사의 두 측면을 소개한다.)
　A. 그리스도께서는 사람들에게 은사를 주신다(7-10절)
　B. 그리스도께서는 사람을 은사로 주신다(11절)
　　(주님께서 주시는 네 종류의 은사를 소개한다)

1. 그리스도께서는 사도를 은사로 주셨다(11절 a)
   2. 그리스도께서는 선지자를 은사로 주셨다(11절 b)
   3. 그리스도께서는 복음 전하는 자를 은사로 주셨다(11절 c)
   4. 그리스도께서는 목사 - 교사를 은사로 주셨다(11절 d)

Ⅱ. 교회 지도자의 책임은 교회를 구비시키는 것이다 (12-13절)
   (교회내에서의 지도자의 책임을 소개한다. '무엇을' 해야 하며 '얼마나 오랫동안' 그 일을 해야 하는가?)
   A. 교회 지도자의 책임은 무엇인가? 교회를 구비시키는 것이다 (12절)
      1. 성도를 온전케 함(12절 a)
      2. 봉사의 일을 위해(12절 b)
      3. 그리스도의 몸을 세우기 위한 목적으로(12절 c)
   B. 얼마 동안 그 일을 해야 하는가? 교회가 그리스도의 모습을 갖출 때까지(13절)
      1. 몸으로서 하나를 이룸(13절 a)
      2. 몸으로서 함께 성숙함(13절 b)
      3. 몸으로서 함께 그리스도를 닮아감(13절 c)

Ⅲ. 성도들의 책임은 교회를 활동하게 하는 것이다(14-16절)
   (성도들의 책임의 두 측면을 소개한다.)
   A. 성도들은 더 이상 영적인 어린아이가 되어서는 안 된다(14절)
      1. 영적인 어린아이는 능력이 없다
      2. 영적인 어린아이는 요동한다
   B. 성도들은 영적인 어른으로 성장해야 한다(15-16절)
      1. 지식의 측면에서 자라야 한다(15절)
      2. 봉사의 측면에서 자라야 한다(16절)

> **결론**
>
> 설교의 본문을 구성하는 면에 대해 몇 가지 더 설명이 필요하다.
>
> 1. 모든 대지들은 완전한 문장이 되어야 한다. 문장의 완전한 구조를 지니지 못한 단어들이나 주제만으로는 불충분하다. 또 가능하다면 소지들도 완전한 문장으로 기술하도록 노력하라.
> 2. 대지들 사이에는 어느 정도의 대칭적인 모습이 있게 마련이다. 이러한 대칭적인 모습은 본문 자체로부터 생겨나야 하며, 설교를 전달하는 과정 속에 최대한으로 반영되어야 한다.
> 3. 모든 설교가 다 세 개의 대지를 가져야 한다는 법은 없다. 그러나 많은 설교들이 세 개의 대지를 갖는 것을 보게 된다. 설교에 있어서 대지의 수는 역시 본문내의 대지의 수에 의해 결정된다.

앞에서 다루었던 에베소서 6장 10-12절의 본문을 가지고 설교 본론 구성의 예를 들어 본다.

Ⅰ. 하나님의 막강하신 능력은 평범한 그리스도인들에게도 주어진다(10-11절 a)
    A. 당신은 강건해져야 한다(10절)
        1. 당신은 주 안에서 강건해져야 한다(10절 a)
        2. 당신은 하나님의 힘과 능력으로 강건해져야 한다(10절 b)
    B. 당신은 하나님의 전신갑주를 입어야 한다(11절 a).

Ⅱ. 하나님의 막강하신 능력은 사탄과 싸워 이길 수 있는 충분한 능

력을 공급해 준다(11절 b - 12절)
  A. 하나님의 전신갑주를 입음으로 당신은 사탄의 궤계를 물리칠 수 있다(11절 b)
  B. 하나님의 전신갑주를 입음으로 당신은 사탄의 체계와 싸워 이길 수 있다(12절)
    1. 사탄의 체계는 혈과 육이 아니다
    2. 사탄의 체계는 초자연적인 존재들이다
      a. 정사들이 있다
      b. 권세들이 있다
      c. 이 어두움의 세상 주관자들이 있다
      d. 하늘에 있는 악의 영들이 있다

설교의 요소들

지금까지 설교의 본론의 구조를 살펴보았으니, 이제 설교의 설계의 구조를 살펴보자. 우리는 이제 좀더 깊은 설교 작업 속으로 점점 들어가고 있다.

설교 제목

설교에는 제목이 필요하다. 설교를 해 나가는 도중에 몇 번에 걸쳐서 설교 제목은 나타나게 된다. 만일 설교의 중심 명제를 현대적 감각에 맞도록 변환시키는 작업에 많은 시간을 투자했다면, 설교의 중심 명제의 주제 그 자체를 설교의 제목을 쓸 수도 있을 것이다. 나의 경우요한계시록 4장에 관한 설교에 있어서 "보좌에서 내려오라!"를 주제 뿐만 아니라 설교 제목으로도 사용했다.

설교 제목은 사람들의 관심을 끄는 효과와 광고의 효과를 동시에 가져야 한다. 예술가가 자신의 작품에 제목을 붙이듯이, 설교자도 역시 자신의 설교에 제목을 붙인다. 설교 제목은 정확해야 한다. 전달할 내용 이상의 것을 약속해서는 안 된다. 나는 "어떻게 하면 하나님을 볼 수 있는가?"라는 제목으로 설교한 적이 있다. 이 질문에 대한 해답을 얻어보기 위해 믿지 않는 사람들이 많이 찾아왔다. 그런데 그 제목을 통해 나는 너무나 많은 것들을 약속했던 것 같다! 설교 제목은 재미있어야 한다. 질문의 형식은 많은 경우 궁금증을 불러일으킨다. 설교 제목은 또한 짧고 분명해야 한다. 설교 제목에 역점을 두어 소개하기에 적절한 때는 서론이나, 설교의 중심 명제를 설명하는 시간 또는 결론으로 향할 때쯤이다.

성경 본문 읽기

설교에 사용할 성경으로부터 성경 본문을 미리 알려 주는 것은 설교를 듣는 성도들이 본문을 미리 본 후에 설교를 들을 수 있게 되므로 많은 도움이 된다. 아래에 언제 본문을 알려 주며 또 읽은 것인가에 대해 몇 가지의 조언을 소개한다.

- 주보에 다음 주일 설교 본문을 미리 알려 주면 좋을 것이다. 그렇게 함으로 성도들이 미리 본문 말씀을 읽고, 다음 주 설교를 들으러 올 수가 있다. 또는 교회에 일찍 나오는 습관을 가진 사

람들에게 말씀을 미리 볼 수 있는 기회를 줄 수 있게 된다.
- 설교 전에 다른 사람이 본문을 미리 낭독할 수도 있다. 또는 교독을 하는 것도 좋을 것이다.
- 설교를 직접 시작하기 전에 예고적인 말을 해주는 것도 도움이 된다. 설교 시작 전에 본문을 다시 상기하게 하거나(이미 성경 봉독이 있었다고 한다면), 본문을 이 때에 읽는 것도 좋은 방법이다. 어쨌든 본문의 책명과 장과 절은 두 번 이상 반복해서 알려 주어야 한다. 그러는 동안에 성도들이 성경을 열어 본문을 찾을 수 있는 시간적인 여유를 줄 수 있다. 그리고 서론에서 서론 내의 요지를 마치고 넘어가는 순간 한 번 본문의 책명과 장과 절을 밝힐 필요가 있다.
- 본문의 책명과 장과 절을 "서론의 서두"(후에 이에 대한 설명이 더 있음) 부분에서 밝힐 수도 있다. 그러나 해당되는 구절들은 그 절에 대한 설명을 할 때에 읽는 것이 좋다.

서론

서론에는 서론의 서두, 서론의 본론과 서론내의 요지, 세 부분으로 되어 있다.

서론의 서두

일반적으로, 서론의 앞부분에 몇 마디 하는 것이 필요한 경우가 많이 있다. 특송이 있었다면 특송에 대한 칭찬, 또는 적어도 수고했다는 말 정도는(별로 잘 못했을 때에는!) 해주어야 할 것이다. 또는 전체적으로 알릴 광고 사항이 있을 수도 있고, 또는 다른 교회에 설교하러 갔을 때에는 그 교회의 교인들에게 인사의 시간도 필요할 것이다.

이러한 말들은 서론의 서두 부분에서 할 내용들이다. 비록 설교 자체와는 직접적인 관련이 없을지라도, 좋은 분위기를 조성한다는 측면에서, 그리고 설교자가 교회 전체와 예배 전체에 대한 관심을 가지고 있다는 사실을 알려 주는 데에 빼놓을 수 없는 중요한 기여를 하게 된다. 성도들에게 친근감과 다정한 분위기를 전달해 주어야 한다. 이 서론의 서두 부분에서 성경 본문을 읽을 수도 있고, 아니면 기도로 준비할 수도 있다.

아무튼, 서론의 서두는 잠시 시간을 두든가, 아니면 기도를 통해 끝을 맺을 수 있다. 이렇게 함으로 성도들에게 설교가 시작될 것임을 알려 줄 수 있게 된다. 서론의 본론으로 들어간다는 신호를 성도들에게 주어야 한다.

서론의 본론

서론의 본론이 설교의 효과에 있어서 차지하는 비중은 아무리 강조해도 지나치지 않는다. 설교가 시작된 후 처음 몇 분 동안에 성도들로 하여금 설교에 대한 기대감을 갖게 하지 못하면, 설교의 효과는 크게 떨어지고 만다. 서론의 본론에는 네 가지의 주요소가 있다. 이 네 가지의 요소는 서로 깊은 관련을 가지고 있으며, 아래에 열거된 순서는 그 중요성과는 관계가 없다.

관심을 끌라: 성도들의 관심을 끄는 것은 네 가지의 요소 가운데 가장 쉽게 성취할 수 있는 것일 수도 있다. 설교자가 강대상으로 올라가는 순간부터 사실상 관심은 쏠리게 되어 있다. 그러나 그 관심을 계속 유지하기 위해서는 설교자는 성도들의 필요를 제기해 줘야 한다.

필요를 제기하라: 서론의 본론에서 가장 중요한 것은 성도들로 하여금 설교자가 설교를 통해 다루려고 하는 문제에 대한 관심을 불러일으키는 일이다. 필요를 인식시켜 주는 것은 본문의 의미를 현대를 살아가는 성도들에게 전달함에 있어서 아주 전략적인 의미를 가지고 있다. 설교가 해결해 줄 성도들의 필요를 확실하게 설명하는 일과 또 그것을 위한 준비를 위해 많은 시간을 투자해야 할 것이다. 설교의 우수성을 측정하는 방법 중의 하나는 제시된 필요가 얼마만큼 현실적으로 적합하며 또 설교가 그 필요를 얼마나 잘 해결해 주었는가가 될 것이다.

어떠한 필요들을 제기할 것인가? 그리고 설교자는 어디서 필요에 대한 아이디어를 발견할 것인가? 지금까지 앞에서 설명한 바에 의하면 제4단계에서 언급했던 목적으로부터 필요를 끄집어 올 수 있을 것이다. 여기에서 다시 한번 목적의 다리의 절대적 중요성을 보게 된다. 목적은 설교의 중심 명제의 주제를 밝혀 줄 뿐 아니라, 서론의 본론에서 제기되어야 할 필요에 대한 해답도 제공해 준다. 성도들이 필요를 느끼도록 하는 가장 효과적인 방법은 설교의 목적과 관련시켜서, 설교의 중심 명제의 주제를 중심으로 질문들을 던지는 것이라 생각한다.

예를 들면, 에베소서 4장을 본문으로 설교한다면, 다음과 같은 질문이 나올 수 있을 것이다.

- 우리 교회에 어디가 잘못되어 있는지를 알기 원하는 분들이 얼마나 계십니까?
- 우리 교회가 하나님의 뜻을 순종하기를 원하십니까?
- 우리 교회의 발전을 극대화하기 원하는 분들이 얼마나 계십니까?
- 하나님께서 우리 교회를 위해 갖고 계시는 청사진을 보기 원하십니까?

대부분의 사람들은 이와 같은 질문에 대해 긍정적인 대답을 할 것이다. 성도들은 진실되게 자기 교회의 문제점이 무엇인지를 알기 원하며, 그것을 고칠 수 있기를 원할 것이다.

만일 에베소서 6장 10-12절을 본문으로 설교한다면, 다음과 같이 필요를 제기할 수 있을 것이다: "오늘은 여러분에게 어떻게 하면 사탄의 홈그라운드에 가서 사탄이 즐기는 게임에서 우리가 이길 수 있는지에 대해 말씀을 드리겠습니다." 이렇게 제기된 필요는 계속해서 성도들을 넘어뜨리려고 기회만 엿보는 사탄의 궤계를 성도들이 어떻게 하면 계속해서 승리할 수 있을 것인가의 문제와 관련을 가지고 있다. 필요를 꼬집어 밝혀줌으로써 성도들이 설교를 들어야 하는 이유를 제공해 주게 된다.

주제를 제시하라: 서론의 본론에서 성도들의 관심을 끌고 문제를 제기하는 작업은 당연히 설교의 중심 명제의 주제와 관련을 맺게 된다. 즉, 개인적인 겸손에 관한 필요를 제기하고 나서, 천국의 인구 밀도에 대해서 얘기할 수는 없다는 것이다. 서론의 본론에서는 성도들이 앞으로 다루게 될 주제에 대해 일종의 준비를 하도록 해야 한다. 혹 연역적인 방법을 사용하고 있다면, 여기서 설교의 주제를 성도들에게 알려줄 수도 있을 것이다.

에베소서 6장 10-12절의 경우라면, 앞으로 다루게 될 주제, 즉 "왜 하나님의 주권적인 능력이 사탄과의 싸움에서 능히 이길 수 있도록 해주는가?"에 대해 여기서 밝힐 수 있을 것이다.

목적을 선언하라: 목적의 다리를 완성했으니 이제는 설교의 목적을 적어 나간다. 성도들에게 "오늘은 …에 대해 말씀드리겠습니다"라고 말하는 것이다. 에베소서 4장의 경우, "저는 오늘 각 성도님이 하나님

의 계획을 실생활에 적극적으로 옮겨 나갈 수 있도록 도전하기를 원합니다"라고 할 수 있을 것이다. 목적에 대한 선언은 설교의 종착역이 어디인가를 알려 준다. 목적의 선언은 성도들이 설교의 여행에 함께 동참하도록 해준다. 아무데도 가지 않는 버스를 타려고 하는 사람은 없을 것이다. 다만 앞의 4단계에서 다루었던 목적의 다리로부터 목적을 끌어와야 한다는 사실을 기억하면 된다.

　이상이 서론의 본론에서 다루어야 하는 네 가지 주요소 또는 목표이다. 이 네 가지 사항을 잘 활용하면 성도들의 관심을 끌게 되고 또 그 관심을 지속적으로 유지해 나갈 수 있게 될 것이다.

　효과적인 설교의 목표:
- 성도들의 관심을 끌라.
- 성도들에게 맞는 필요를 제기하라.
- 성도들에게 주제를 제시하라.
- 성도들에게 목적을 선언하라.

　서론의 본론은 필요를 제기하고, 주제를 제시하고 목적을 선언할 만큼 충분히 길어야 한다. 서론의 본론에 할애할 시간은 설교마다 다르게 될 것이다. 확실한 서론의 본론이 될 수 있도록 충분한 시간을 할애해야 한다. 그렇지만 너무 길어져서 서론의 결론이 설교 전체의 결론으로 성도들이 오해하도록 해서는 안 될 것이다.

　서론의 본론에 대해 마지막으로 강조해서 설명할 내용이 있다. 절대로 "지난 주일에는 본문 (어디 어디를), 또는 (어떠한) 주제에 말씀을 드렸습니다. 오늘은 본문 (어디 어디에 관해) 또는 (이러 이러한) 주제에 대해 말씀드리겠습니다"라는 식으로 서론의 본론을 시작하지 말기를 바란다. 이런 식의 복습적인 내용은 (아주 잘해야) 서론의 서두에 포함될 수 있다(그러나 서론의 서두는 서론의 본론에 들어가기 전에 끝맺는 것을 분명히 해야 한다). 복습은 설교의 분위기를 설정하는 서론내의 요지 부분에서 하는 것이 나을 것이다. 서론의 본론은 이번 주일의 메시지에 대해서만 언급해야 한다.

서론내의 요지

본문의 배경 설명을 가장 적절하게 할 수 있는 곳은 역시 효과적인 시론이 끝난 직후일 것이다. 나는 이것을 "시론내의 요지"라고 부른다. 아직 설교의 본론에 들어가기 전이기 때문에 본문에 대한 역사적 또는 문맥적인 배경을 설명하기에 적절한 지점이다. 제4단계에서 다룬 설교의 목적을 분명하게 하는 범위내에서만 배경 설명이 필요하다.

서론내의 요지 부분에서는 아래와 같은 내용들을 다룰 수 있다.

- 본문이 어디인가를 밝히거나 상기시켜 준다. 예를 들면, "바울은 고린도전서 7장에서 믿지 않는 자들과의 결혼 문제를 다루고 있습니다. 아직 본문을 못 찾으신 분들은 다음 질문에 답을 생각하는 동안 본문을 찾아 주시기 바랍니다"라고 할 수 있을 것이다.
- 특별한 시리즈에 대해 상기시켜 준다. 예를 들면, "크리스천이 사회 속에서 어떻게 살아갈 것인가에 대한 말씀을 우리는 시리즈로 배우고 있습니다. 오늘은 갈라디아서 6장 10절을 같이 보시겠습니다"라고 할 수 있을 것이다.
- 본문의 배경에 대한 설명을 할 수 있다.
    — 역사적인 배경: 예를 들면, "다윗은 하나님께 범죄한 후에 시편 51편을 썼습니다."

— 본문적인 배경: 예를 들면, "요한계시록 2장과 3장은 아시아에 있는 일곱 교회에 보내진 편지들을 기록해 주고 있습니다."
— 문학적인 배경: 예를 들면, "시편 119편은 각 문단의 첫 글자가 히브리어 알파벳 순서를 따르고 있습니다."
— 설교 시리즈에 대한 설명: 예를 들면, "지난 주일에는 에베소서 4장 1-6절 말씀을 통해 그리스도의 몸인 교회의 하나 됨에 대해, 즉 어떻게 교회가 하나님의 청사진대로 성장하며 기능할 수 있는가에 대해 공부했습니다."
• 본론의 구조에 대한 예고: 예를 들면, "오늘의 본문 시편 133편은 하나의 선언과 두 개의 그림으로 구성되어 있습니다. 1절은 주제를, 2-3절은 그 주제에 대한 설명을 해주고 있습니다."

마지막으로, 설교의 주제나 중심 명제를 다시 반복한다.

다시 반복해서 말하지만, 서론의 요지에 해당하는 내용을 가지고 서론을 시작해서는 안 된다.

부록 9에서 내가 요한계시록 4장의 설교에 사용했던 서론과 서론의 요지를 자세히 소개해 놓았다(완벽할 수는 없겠지만!). 그래도 효과적인 서론의 한 예를 볼 수 있을 것이다.

설교의 본론

설계의 구조

설계의 구조(서론, 본론, 결론과 같이 설교 전체에 관련된)에 대해 말할 때 우리는 성도들이 설교에 동의하지 않거나, 설교의 내용을 받아들이지 않거나, 적용할 능력이 없는 경우를 염두에 두게 된다. 설교자들은 다음과 같은 질문들을 던져 보아야 한다. 이 설교의 중심 명제를 통해 하나님의 진리를 설득시키는 것이 왜 어려운가? 성도들의 삶에 강한 영향을 미칠 수 있기 위해서, 설교를 어떠한 체계로 구성하여 설교의 목적과 중심 명제를 전하는 것이 좋겠는가?

설교를 듣는 성도들은 서로 차이점들을 지니고 있다. 그러기에 설교의 어떤 부분들은 이런 차이점을 염두에 두고 전달해야 한다. 더 나아가서는, 자신들이 처해 있는 인생의 시기에 따라(심지어 한 설교 안에서도) 설교자에 대해 다른 입장들을 취하기도 한다. 때로는 성도들이 거의 동질성을 지니게 되는 경우도 있다. 그런 경우에는 그러한 상황에 맞도록 설교를 구상해야 할 것이다. 설교가 선포될 때에 하나님, 하나님의 말씀, 하나님의 백성, 그리고 설교자와의 관계 속에서 성도들이 취하는 입장은 적어도 세 가지 이상이 있다.

- "관심없다"형: 성도들 가운데는 아예 '교회에 오지 않았었으면 좋을걸' 하고 앉아 있는 사람들이 있다. 적대적이지는 않지만, 하나님이나 하나님의 말씀에 대해 아무런 관심이 없는 사람들이다. 이런 사람들은 부모의 강요나 친구들의 간청에 의해 와서 앉아 있는 사람들이다. 아니면 그저 습관적으로 일요일은 교회에 나오는 시간이기 때문에 교회에 와서 앉아 있는 사람들일 수도 있다. 이런 경우에는 서론에서 필요를 제기할 때에 아주 효과적이지 못하면 이들의 관심을 끌기가 극히 어렵게 되고 말 것이다.
- "모르겠다"형: 하나님이나 하나님의 말씀, 하나님의 백성 그리고 설교자에 대해 아무것도 모르는 사람들이다. 바로 이런 사람들을 위해서 성경적으로 좋은 내용을 준비해야 한다.

- "못믿겠다"형: 이런 사람들은 설교의 내용이나 또 생활에의 적용에 대해 의심을 품고 있는 사람들이다. 이들은 설교자의 말을 철학적으로 시험해 보려고 한다. 설교가 일관성이 있는가? 때로는 실증적인 시험을 해보기도 한다. 과연 이 진리가 실용적인가? 도움이 될 것인가? "목사님, 방금 하신 설교는 강대상에서는 좋게 들리지만, 실제 생활 속에서는 의미가 없습니다"라고 말할지도 모른다.

설교를 해 나가는 과정 속에 이런 식의 반응들이 여러 사람으로부터 섞여서 나오기도 하고, 때로는 한 사람에게서도 바뀌어 나오기도 할 것이다. 이러한 사실을 염두에 두고, 이런 사람들이 처해 있는 자리에서부터 하나님께서 원하시는 자리로 그들을 옮겨 갈 목적을 가지고 설교를 구상해야 할 것이다. 강해설교를 해나가면서 매주일 서서히 그들의 수동적인 태도와 무지 또는 적대감을 부수어 나감으로써 그리고 결국 경건함과 섬김의 자리로 그들을 옮겨 가야 할 것이다.

네 번째 타입의 사람들이 있다. 이들에게는 설교하기가 아주 쉽다. 하나님의 말씀 듣기를 갈망하며 열심을 내는 사람들이다. 그들은 관심도 있고, 성경 지식도 있으며, 믿는 사람들이다! 이 사람들의 영적 성숙을 위해 설교자는 하나님의 말씀으로 그들에게 강한 충격을 가해야 할 책임을 느끼게 될 것이다.

설교를 듣는 성도들의 다양성만큼, 설교의 접근 방법도 다양해야 한다.[2] 부록 7에서는 성도들을 이해하는 법에 대해 다루고 있다. 그곳에 제시된 사회학적 또는 심리학적 척도를 사용해서 성도들이 설교의 중심 명제를 수용하고 순종할 수 있도록 설교를 구상하라.

본론의 구조

설교의 본론의 구조는 본문의 구조와 유사해야 한다(꼭 같지는 않다). 설교의 본문이 세 개의 대지를 갖고 있다면, 설교의 구조도 일반적으로는 세 개의 대지를 갖게 될 것이다. 물론 현대 감각에 맞게 구체적인 표현들로 변형시켜야 한다. 본문의 구조상 첫번째 대지 아래 두 개의 소지가 있다고 한다면, 설교의 구조도 그와 같아야 한다.

이 관계를 보여주는 도식을 함께 보도록 하자.

제2단계 (본문)	제6단계 (설교)
1. 1-3절	서론
2. 4-6절	본론
3. 7-8절	1. 1-3절
	2. 4-6절
	3. 7-8절

그러므로 본론의 구조는 설교 본문의 구조에 의존한다고 하겠다.

설교 본론의 순서가 설교 본문의 순서와 꼭 같아야 되는가라는 질문을 때때로 받게 된다. 일반적으로 그렇다. 그러나 설교의 구상과도 관련이 있다. 설교의 목적을 더욱 효과적으로 달성할 수 있다면, 대지의 순서를 재배열하는 것도 좋은 방법이다. 위의 예를 사용한다면, 4-6절을 제일 먼저, 그리고 7-8절, 1-3절의 순서로 배열할 수도 있다. 그러나 하나의 단위를 이루고 있는 절들을 따로 분리시켜서는 안 된다. 예를 들어 4-6절이 하나의 단위를 이루고 있는 경우에, 4-5절을 따로 떼고 6절을 따로 떼서 같은 비중을 두고 설명을 할 수는 없다. 본문 자체의 단락을 무시해서는 안 된다. 그리고 거의 대부분의 경우 설교는 본문의 순서를 반영하게 될 것이다.

훌륭한 아웃라인에 대한 부록 8을 참고하기 바란다. 간단히 말하면, 설교의 아웃라인은 아래와 같은 요소들을 보여준다.[3]

통일성 — 설교 전체의 하나됨
질서 — 설교의 부분들이 설교 전체를 구성하는 질서 정연함
비율 — 각 부분들이 차지하는 적절한 비중
진전 — 각 부분들이 어떻게 설교의 진전을 이루어 나가는가

아웃라인의 각 요지들은 "S.A.V.E. (a) Point!"로 요약될 수 있는 요소들을 보여주게 된다.

요지를 주장하라(State). 성도들은 설교자가 주장하는 요지를 들어야 한다. 현대 감각에 맞는 구체적인 표현들을 사용하여, 분명하게 요지를 전달할 수 있다.

요지를 본문과 연결시키라(Anchor). 이 요지가 본문의 어느 부분으로부터 도출된 것인지를 보여주어야 한다. 이러한 증명을 통해 요지에 권위를 부여하게 된다.

요지를 증명하라(Validate). 본문으로부터 왜 그 요지를 끌어내게 되었는지를 증명해 보여주어야 한다.

요지를 설명하라(Explain). 여기서는 요지가 의미하는 바를 설명해 준다. 제1단계에서 다뤘던 내용을 잘 활용하면 설명을 잘할 수 있을 것이다. 본문을 지적해 가면서 성경적인 요지를 예화 등을 사용하여 성도들이 잘 이해할 수 있도록 설명한다. 의사 전달의 기술 가운데 "좌표계"(frame of reference)라는 것에 대해 들어 본 적이 있을 것이다. 설교자는 자신의 요지를 설명하기 위해서는 필히 성도들의 좌표계

를 활용해야 한다. 이미 알고 있는 것으로부터 모르고 있는 것으로, 이미 성도들이 이해하고 있는 것으로부터 성도들이 이해해 주기를 바라는 것으로 넘어가야 한다.

요지를 적용하라(apply). 때에 따라서는 요지 하나 하나마다 바로 그 자리에서 적용해야 할 경우가 있다. 다른 경우에는 설명이 있고 난 후에 따로 적용을 시킬 수도 있다. 적용의 시기는 설교의 구상과 관련이 있으며, 설교의 목적을 어떻게 하면 가장 효과적으로 달성하겠는가에 따라 달라질 수 있다. 후에 다시 적절한 적용 방법에 대해 논하도록 하겠다.

일반적으로, 연역적인 설교나, 각 요지가 독립적인 경우에는, 각 대지마다 적용이 필요하다. 첫번째 대지를 설명하고는 적용을 던져 주고, 두 번째 대지를 설명하고 또 적용시켜 주고 하는 식이다. 귀납적인 설교나 각 대지가 그 다음 대지로 논리적인 발전을 이루어 나가면서 마지막으로 설교의 중심 명제가 소개되는 경우에는, 적용이 맨 뒤로 오게 된다.

연역적인 구상이 더욱 간편하기 때문에 많은 설교자들이 이 방법을 사용한다. 각 대지는 S.A.V.E. (a) Point 방식을 따른다. 귀납적인 설교의 경우에는 S.A.V.E. (a) Point 방식을 따르지만 적용은 뒤에 오게 된다. 그렇기 때문에 (a)를 괄호 안에 넣어 놓은 것이다.

아래의 도표는 연역적인 경우와 귀납적인 경우를 보여준다. 두 개의 요지를 갖고 있는 본문의 구조(제2단계)를 사용해서 설계의 구조(제6단계)로 전환해 보았다.

연역적

Ⅰ. 서론
　설교의 중심 명제가
　완전히 설명됨

Ⅱ. 본론
　A. S.A.V.E.
　　적용 (a)
　B. S.A.V.E.
　　적용 (a)
　C. 결론

귀납적

Ⅰ. 서론
　설교의 중심 명제가
　부분적으로 소개됨

Ⅱ. 본론
　A. S.A.V.E.
　B. S.A.V.E.
　　적용 (a) (여기에서 아니면,
　　　　　　결론에서)
　C. 결론
　　적용 (a)

전환

　설교 본론의 아웃라인과 대지들을 생각할 때, 각 부분들을 설교 전체의 주제나 또는 바로 앞부분의 내용과 연결지어 줄 전환에 대해 숙고해야 한다. 전환은 생각과 이해를 부드럽게 연결시켜 주는 역할을 한다. 전환은 설교의 각 부분들이나 흐름에 다리의 역할을 감당해 줌으로써 성도들이 지적 또는 심리적인 강을 이리저리 넘나들 필요가 없게 해준다. 전환을 알리는 표현들은 성도들에게 설교의 진전을 쉽게 따라가도록 해준다.

　확실하고 분명한 전환을 알리는 표현들은 설교자에게 아래의 사항을 가능하게 해준다.

- 단조로움을 피하면서도 설교의 주제를 복습하게 해준다.
- 설교가 장애물이 없이 진전할 수 있도록 도와준다.

- 혼동이 없이 부분들을 연결할 수 있도록 해준다.
- 기계적인 암기의 노력이 없이도 설교의 내용을 기억하게 해준다.
- 계획된 설교의 구조를 계속 유지해 나갈 수 있게 해준다.

적절한 전환의 표현들은 설교의 통일성과 질서와 진전을 확실하게 해준다.

<pre>
         전환은
                통일성과
                질서와
                진전을
                        보장한다.
</pre>

뼈의 비유를 사용한다면, 전환은 굵은 뼈들 사이, 잔 뼈들 사이, 또는 굵은 뼈와 잔 뼈 사이를 연결해 준다.

이제 전환의 예를 몇 가지 소개해 본다. 설교의 구조에 따라 설교자 자신이 이러한 표현들을 창조해 내야 한다.

- 전환 구절: "뿐만 아니라 …도", "그 다음으로", "한편으로는", "게다가", "반대로" 등과 같은 접속사나 등위 접속사들.
- 요지의 전환: 다음의 요지로 넘어가기 전에 앞의 요지를 복습하는 방법으로 여러 가지 방법이 사용될 수 있다.
  — 순서적 전환: "첫번째 요지는 …에 관한 것이었습니다. 이제 두 번째 요지로 넘어가겠습니다."
  — 논리적 전환: 논리를 전개해 나가는 경우에 사용할 수 있으며 대개는 귀납적인 구조에서 사용하게 된다.

— 비유적 전환: 비유적인 표현으로 각 요지를 대변하는 방법이다. 건축의 비유를 사용할 수 있을 것이다. "기초는 우리의 믿음입니다. 골조는 …입니다." 바퀴의 살을 가지고 비유적인 표현을 할 수도 있을 것이다. "첫번째 살은 …입니다. 두 번째 살은 …입니다."

— 심리적 전환: 순서적이거나 논리적인 전환보다는 이미 성도들의 마음속에 자리잡고 있는 연상을 사용하는 방법이다. "우리는 …을 보았습니다. 이제 우리는 …을 보아야 합니다."

- 몸동작을 이용한 전환: 몸동작이나 자세나 위치의 변화 등을 통해서도 요지가 바뀌는 것을 알려 줄 수 있다. 손가락을 사용하거나, 강대상의 자리를 옮겨 가면서 전환을 알려 줄 수도 있다. 몸동작에 관해서는 제7단계에서 다시 더 자세히 다루도록 한다.

적용

적용이 없는 성경 강해는 영적인 변비를 일으키게 된다. 성도들의 삶을 변화시키지 못한다면, 아무리 학문적으로 정확한 설교라도 아무 의미가 없게 되고 만다. 성도들이 단순히 하나님의 말씀을 듣는 자리에서, 그 진리에 의해 권고받으며 순종해 나가는 자리까지 옮겨 가도록 할 때 적용은 일어난다. 사도 바울은 그의 서신에서 종종 주장(헬라어의 직설법)에서 명령(헬라어의 명령법)으로 바꾸어 적용시켜 주는 것을 볼 수 있다. 적용은 성도들에게 맞도록 변환되어야 하며 구체적이어야 한다.

- 성도들에게 맞도록 변환: 어떻게 같은 설교의 중심 명제가 다양

한 성도들에게 다른 방법으로 적용될 수 있는가에 대해서 이미 앞에서 보았다. 성도들은 변수이다. 문화적, 경제적, 환경적 변수들도 있다. 그러기에 성도들에게 맞도록 변환해서 적용해 주어야 한다. 이 작업은 이미 1단계에서 시작되었으며, 4단계에서 설교의 목적을 정리하는 과정에서 적용도 그 방향이 설정되었다. 이제 적용하는 과정에 있어서 또 하나의 문을 통과해야 한다. 하나님의 말씀을 현재 시제로 선포해야 하는 것이다. 하나님께서 성도들이 거룩하기를 원한다고 전하는 것만으로는 충분하지 못하다. 현재 그들의 생활 속에서 거룩하다고 하는 것이 무엇인가를 알려 주어야 한다.

- 구체적인 적용: 적용은 구체적이어야 한다. 만일 적용이 추상적으로 끝나 버리면, 성도들은 설교가 어떻게 삶 속에 변화를 일으킬까에 관심을 갖기보다는 설교자가 전한 말에 대해서만 생각을 하게 될 것이다. 하나님께서 성도들에게 원하시는 것이 무엇인가에 대해 가능한 한 구체적이어야 한다. 그저 하나님께서 우리가 거룩하기를 원하신다고 전하는 것만으로는 불충분하다. 오늘의 삶의 현장에서 보여줄 수 있는 거룩한 삶에 대한 구체적인 예들을 알려주어야 한다.

성도들의 상황에 맞고 또 구체적인 적용을 할 수 있기 위해서는, 본문의 중심 명제(설교뿐이 아닌)와 성도들 사이의 설교학적인 상관 관계나 연관성에 대해 숙고해야 한다(세심한 주의가 필요한 이야기체의 본문의 적용에 대해서는 부록 5를 참조하라). 이 연관성은 신학적이며 영적이다. 현대 감각에 맞는 적용을 얻기 위해서는 신학적 또는 영적인 연관성을 찾으려고 노력해야 한다. 앞에서 사용했던 요한계시록

4장을 다시 예로 들어 보자.

요한계시록 4장 1-11절의 본문의 중심 명제는 "오직 하나님께서 모든 역사의 주관자 되심은 천국에 거하는 모든 자들에 의해 인식되고 있다"이다. 여기에는 성도들과 본문의 중심 명제를 연결시켜 줄 수 있는 신학적이며 영적인 연관성이 있다.

- 신학적 연관성:
  ― 하나님의 성품과 사역: 하나님은 다스리시는 분이시며 또 하나님이셔서만 된다는 사실을 우리는 인정한다.
  ― 하나님 백성들의 모습: 공동체적인 또는 교회적인 연관성이 있다. 즉, 이십사 장로들과 구속받은 백성들.
  ― 피조물의 모습: 천사들이 하나님을 예배한다. 그러므로 우리도 예배해야 한다.

- 영적 연관성: 실존적, 역동적, 개인적인 하나님과 맺어진 관계의 측면. 나는 질문해 본다. "처음 요한계시록을 받아 본 독자들은 누구였는가? 스스로 주권자인 양 교만에 빠진 적그리스도적인 사람이 있었는가? 요한은 어떤 문제를 다루고 있는가? 그들은 이 본문을 어떻게 이해했는가?" 당시와 현대의 사람들의 모습에 대해 아래와 같은 질문을 던져 보라.
  ― 어떤 면에서 우리는 그들과 비슷한가? 우리들도 하나님께 속한 자들이다. 그러므로 우리도 예배를 드려야 한다.
  ― 어떤 면에서 우리는 그들과 다른가? 우리는 하늘에 살고 있지는 않다(우리가 하늘에 살고 있지는 않지만 그래도 하나님께 예배를 드려야 하는가에 대한 설명을 해야 할 필요가

있다).
— 우리는 어떻게 그들과 같이 될 수 있을까? 예배를 통해.
— 우리는 어떤 면에서 그들과 달라야 하는가? 적그리스도가 지배하는 동안에 삶이 어려워지자 어떤 사람들은 온 역사를 지배하시는 하나님에 대한 믿음을 포기할 유혹을 받게 되었다(이 점에 초점을 맞춰서 내가 설정한 목적과는 전혀 다른 설교의 목적을 생각해 볼 수도 있을 것이다. 내 의도는 모든 성도들이 모든 권한을 하나님께 온전히 맡기라고 권고하는 것이었다).

여러 가지 적용들을 찾아볼 수 있겠지만, 여기서는 설교의 목적과 부합해서 성도들의 상황에 맞고 또 구체적으로 변환될 수 있는 적용을 택해 보았다. 적용을 선택하기 전에 다시 본문의 중심 명제를 확인해 본다. 그렇게 함으로 내가 원하는 적용을 고집하기보다는 본문에 더 충실할 수 있게 된다.

적용의 위치

다시 말하지만, 적용은 설교의 본론 가운데에 넣을 수도 있고(연역적인 설교의 경우), 아니면 설교의 마지막 부분에 넣을 수도 있다(귀납적인 설교의 경우). 적용은 아래의 사항들을 고려하면서 필요할 때 필요한 곳에 넣으면 된다: 설교의 구상, 설교의 본론, 설교의 목적, 그리고 설교의 중심 명제. 또는 설교의 중심 명제의 한 부분을 깊이 파고 들 경우가 있을 것이다. 그런 경우에는 계속해서 적용을 끝까지 하는 것이 좋을 것이다. 적용이 설교의 끝부분에 놓이게 될 경우에는 마치 적용은 앞에서 말했던 중요한 내용들에 대한 하나의 관주 정도에 지나지 않는다는 식의 인상을 주지 않도록 신경을 써야 한다. 적용은 설교에 있어서 하나의 사족이 되어서는 안 된다. 적절한 시기와 관심이 배려되어야 한다.

적용의 발전

설교를 마치면 성도들은 반드시 다음과 같은 세 개의 질문에 대한 답을 가지고 있어야 한다.

설교자가 무엇에 관한 설교를 했는가?
그래서 무슨 변화가 내 삶 속에 있어야 하는가?
이제 나는 설교를 통해 들은 하나님의 말씀을 어떻게 적용할 것인가?

설교의 중심 명제와 설교 본론은 "무엇?"에 대한 답을 제공해 주어야 한다(설교자가 무엇에 관한 설교를 했는가). 적용과 현대 감각에 맞도록 한 설교의 중심 명제는 "그래서?"에 대한 답을 제공해 주어야 한다(그래서 무슨 변화가 내 삶 속에 있어야 하는가). 적용은 또한 "이제 나는?"에 대한 답도 제공해 주어야 한다(이제 나는 설교를 통해 들은 하나님의 말씀을 어떻게 적용할 것인가).

앞의 제4단계에서 설정했던 설교의 목적에 비추어서 어떻게 적용할 것인가를 생각해야 한다. 설교의 목적에서는 다음과 같은 질문들을 제기했었다: "본문의 중심 명제를 근거로 하나님께서는 성도들이 무엇을 이해하며 순종하기를 원하시는가?" "하나님께서는 내가 이 설교를 통해 무엇을 성취하기를 원하시는가?" 설교자가 설정한 목적은 분명 행동을 표현하는 동사 뒤에 "하기 위하여"라는 구절을 포함하고 있을 것이다. 그 예로 영어의 C로 시작하는 동사들(to+동사 ~하기 위하여)을 열거해 본다: "to coax 유도하기 위하여, to cheer 격려하기 위하여, to champion 앞장 서 가기 위하여, to confront 맞서기 위하여, to convince 확신시키기 위하여, to convict 죄를 지적하기 위하여, to challenge 도전하기 위하여, to correct 고쳐주기 위하여, to comfort 위로하기 위하여, to call 부르기 위하여"(그러나 억지로 회심시키려고 해서는 안 될 것이다. 이는 성령 하나님께서 하실 일이기 때문이다. 또한 억지로 시켜서도 안 된다. 하나님도 억지로 시키지는 않으시기 때문이다!)

"하기 위하여"로 시작되는 본문의 중심 명제에 근거한 목적으로부터 "그래서?"와 "이제 나는?"에 대한 답을 끌어내어 글로 써 보도록 한다. 이 답들은 적용을 도출하는 자료로 사용될 것이다. 각각의 질문에 대한 답을 각기 다른 종이에 적어 보도록 한다. 적절하지 않거나 본문과 직접적인 관련이 없는 적용은 뒤로 미루어야 한다.

설교에는 아래와 같은 두 가지 종류의 적용이 있다.[4]

1. 그리스도인이 되는 과정 속에, 또는 그리스도인으로서 겪게 되는 긴장감과 복잡성
   - 영적인 긴장감 또는 영적인 필요들
   - 지적인 긴장감 또는 신학적/철학적 필요들
   - 정서적인 긴장감 또는 인간 관계의/심리적인 필요들
   - 신체적 또는 다른 실존적인 긴장감 또는 생존에 관한 필요들

2. 긴장감에 대한 해결 또는 결단
   서론 부분에서 어떠한 필요를 제기할 것이며, 설교를 통해 어떻게

답변할 것인가? 본문 강해의 경우에는, 긴장감의 제기는 본문의 중심 명제로부터 도출이 된다. 그 답변과 적용은 설교 목적의 다리를 통해서 설교의 중심 명제와 실제 삶 사이의 상관 관계로부터 얻어지게 된다.

- "무엇"은 본문의 중심 명제에서 그 절정을 이루는 성경의 권위로부터 오게 된다.
- "그래서?"는 결국은 설교의 중심 명제를 제공하게 되는 본문의 중심 명제에 근거를 둔 설교 목적의 다리와 함께 삶의 현실로부터 오게 된다.
- "이제 나는?"은 하나님께서 현대의 삶 속에서 원하시는 구체적인 내용들을 밝히며 현대적인 감각에 맞도록 변환시켜 주는 설교자의 권위로부터 오게 된다.[5]

삶에는 진리가 적용되어야 하며("그래서?") 구체화되어야 하는("이제 나는?") 다섯 가지 영역이 있다. 어떻게 하나님의 말씀이 성도들의 삶에 변화를 가져오며, 어떻게 성도들이 그 말씀에 순종할 수 있을까를 발견하기 위해서는 적용을 발전시켜 나가는 데에 있어서 이 다섯 가지의 영역을 모두 살펴보아야 한다.

삶에의 적용 영역
1. 개인 생활
2. 가정 생활
3. 직장 또는 학교 생활
4. 교회 생활
5. 사회 생활

텍사스 주의 산 안토니오의 한 교회에서 목사님은 내가 설교하기 전에 자신의 서재로 나를 안내했다. 서재의 벽에는 그 목사님이 설교를 할 때마다 던져 보는 질문들이 적혀 있었다. 그 내용을 소개해 본다.

삶에의 적용 통로들

이 진리가 다음의 영역에 어떻게 영향을 미칠 것인가?
1. 자세: 하나님에 대한, 다른 사람들에 대한, 주위의 환경에 대한 태도
2. 하나님에 대한 지식
3. 행동: 발전시켜야 할 습관들, 바꿔야 할 습관들, 확인해야 할 습관들
4. 관계들: 용서하고, 용서받고, 격려하고, 징계하고, 복종하고, 이끌어 가야 할 관계들
5. 동기들: 잘못된 이유로 열심을 내고 있지는 않은가?
6. 가치관과 우선 순위: 무엇이 또는 누가 우선되어야 하는가? 무엇을 또는 누가 해야 하는가?
7. 인격

이러한 적용의 통로들과 영역들을 잘 조화시켜서 설교자 자신, 그리고 성도들의 반응과 행동의 변화에 대한 계획을 세워야 한다.

적용과 함께 설교를 발전시킴

마태복음의 한 본문을 가지고 설교를 적용으로 이끌어 가는 예를 살펴 보자.

용서는 자유함을 가져다 준다.
마태복음 18장 21-35절

21 그 때에 베드로가 나아와 가로되 주여 형제가 내게 죄를 범하면 몇 번이나 용서하여 주리이까 일곱 번까지 하오리이까

22 예수께서 가라사대 네게 이르노니 일곱 번뿐 아니라 일흔 번씩 일곱 번이라도 할지니라

23 이러므로 천국은 그 종들과 회계하려 하던 어떤 임금과 같으니

24 회계할 때에 일만 달란트 빚진 자 하나를 데려오매

25 갚을 것이 없는지라 주인이 명하여 그 몸과 처와 자식들과 모든 소유를 다 팔아 갚게 하라 한대

26 그 종이 엎드리어 절하며 가로되 내게 참으소서 다 갚으리이다 하거늘

27 그 종의 주인이 불쌍히 여겨 놓아 보내며 그 빚을 탕감하여 주었더니

28 그 종이 나가서 제게 백 데나리온 빚진 동관 하나를 만나 붙들어 목을 잡고 가로되 빚을 갚으라 하매

29 그 동관이 엎드리어 간구하여 가로되 나를 참아 주소서 갚으리이다 하되

30 허락하지 아니하고 이에 가서 저가 빚을 갚도록 옥에 가두거늘

31 그 동관들이 그것을 보고 심히 민망하여 주인에게 가서 그 일을 다 고하니

32 이에 주인이 저를 불러다가 말하되 악한 종아 네가 빌기에 내가 네 빚을 전부 탕감하여 주었거늘

33 내가 너를 불쌍히 여김과 같이 너도 네 동관을 불쌍히 여김이 마땅치 아니하냐 하고

34 주인이 노하여 그 빚을 다 갚도록 저를 옥졸들에게 붙이니라

35 너희가 각각 중심으로 형제를 용서하지 아니하면 내 천부께서도 너희에게 이와 같이 하시리라

제3단계: 본문의 중심 명제 — 용서받은 종이 용서해 주기를 거부하는 자세는 감옥에 들어가는 결과를 가져왔다.

제4단계: 나의 목적은 용서받은 성도들의 삶 속에 있는 용서하지 못하는 문제를 직접적으로 다루는 것이다.

제5단계: 일단 설교의 중심 명제는 이 정도가 될 것이다.
  주제: 만일 당신이 용서하지 않는다면?
  술어: 용서받은 것을 즐기지 못하게 될 것이며 용서하지 않음으로 감옥에 들어가게 될 것이다.
여러 번 생각을 해보고 또한 현대 감각에 맞도록 하는 작업을 한 후에, 나는 본문의 중심 명제에 근거한 설교의 중심 명제를 목적과 결부시킬 수가 있었다. 성도들이 남을 용서하지 않을 때마다 그들이 뭔가를 기억할 수 있도록 해주기를 원했다. 여기 설교의 중심 명제가 있다: "용서는 당신을 자유케 해줍니다; 용서하지 않는 태도는 당신을 결박합니다."

제6단계: 제6장에서 우리는 설교의 전환과 적용을 포함해서, 설계의 구조, 서론 및 본론의 구조 등에 대해 살펴 보았다.
  서론: 여기에서 나는 성도들의 용서하지 않는 태도에 대해 말하려고 한다. 어느 부분에서 그들은 용서하지 않고 분노를 그대로 간직하고 있는가? 친구, 직장의 상사, 가족, 남편이나 아내, 혹은 부모님에 대해?
    서론이 끝날 때쯤에는 성도들은 용서하지 않음에 대한 긴장감을 느끼게 될 것이다. 나는 그들이 가지고 있는 쓴 감

정들에 대해 철저하게 생각해 볼 수 있는 기회를 주려고 한다. 그리고는 "나에게 똑같은 잘못을 반복해서 하는 사람을 몇 번이나 용서해 주면 되겠습니까?"라고 질문을 한다.
전환의 표현: 베드로는 주님께 똑같은 질문을 드렸습니다(21절).
서론내의 요지: 나는 문맥을 보기 위해 본문을 본다(21-22절).

본론의 구조: (여기서는 설계의 구조가 아니다.)
    Ⅰ. 용서는 당신을 자유케 해줍니다(21-27절)
    Ⅱ. 용서하지 않은 태도는 당신을 결박합니다
       (28-35절)

적용: 나의 목적은 용서받은 성도들의 삶 속에 있는 용서하지 못하는 문제를 직접적으로 다루는 것이기 때문에, 여기에서 핵심은 "용서는 당신을 자유케 해줍니다"가 아니다. 성도들이 용서받은 모습으로 그 자리에 가만히 앉아 있음을 언급할 것이다. 우리 모두가 얼마나 엄청난, 또 갚을 수 없는 죄를 하나님 앞에서 지은 자들이었으며, 본문에 나타난 사람과 같이 하나님께로부터 탕감받은 사람들인가를 말할 것이다. 만일 설교의 목적이 하나님의 위대하신 용서라고 한다면, 여기서 하나님의 위대하신 용서와 관련을 지어서 "그래서?"와 "이제 나는?"의 문제를 추구해야 할 것이다.

그러나 나의 목적은 성도들의 삶 속에 있는 용서하지 못하는 문제를 지적하는 것이다. 그러므로 훨씬 더 많은 시간을 두 번째 대지에 사용할 것이다. 이 본문의 경우는 본문 자체 속에 "그래서?"의 문제가 포함되어 있다. 하나님께서 용서해 주셨다면, 본문은 우리도 용서하는 사람이 되어야 한다고 초대하고 있다.

이 본문과 관련해서 설교가 대답해야 할 질문들에 대해 생각해 본 결과 다음과 같은 것들을 발견하게 되었다.

- "무엇을?"(어떠한 진리에 대해 설교할 것인가?) 용서는 자유케 해준다. 용서하지 않은 태도는 얼어붙게 만든다!
- "그래서?"(무슨 변화가 내 삶 속에 있어야 하는가?) 당신은 당신에게 빚진 자를 용서해 주어야 한다. 당신에게 빚진 자는 당신에게 소홀히 대하거나 진실되지 못한 남편일 수도 있다. 또는 당신에게 복종하지 않는 아내일 수도 있다. 또는 당신을 배신한 친구일 수도 있다. 서론에서 이런 식의 내용을 열거하는 것이다.
- "이제 나는?"(이제 나는 설교를 통해 들은 하나님의 말씀을 어떻게 적용할 것인가?) 어떻게 용서할 것인가? 몇 가지의 제안을 준비한다. 먼저, 하나님의 용서와 당신에게 해를 가한 사람이 한 일을 비교해 보라. 누가 더 큰 죄악을 저질렀는가? 만일 당신이 갚을 수 없는 빚에 대해 탕감을 받았다면, 갚을 수 있는 빚에 대해 어떻게 할 것인가? 두 번째로, 복수할 권리가 있다는 생각은 추호도 하지 말아야 한다. 세 번째로, 잘못에 대한 형벌을 누가 받아야 하는가에 대해 다시 생각해 보라. 당신에게 빚진 사람이 모든 비난을 받아야 하는 것은 아니다. 네 번째로, 용서를 보여 줄 수 있는 확실한 방법을 강구하도록 하라.

적용에 대한 변명이나 적어도 질문들이 있을 것을 기대해야 한다. (나 자신을 포함해서) 사람들은 진리를 자신보다는 다른 사람에게 적용하기를 더 좋아한다. 그러므로 성도들 가운데 적용에 대해 반대 의견을 갖는 사람들이 있을 것을 기대해야 한다. 앞에서 내린 훌륭한 설교의 정의 속에는 성도들이 갖게 되는 질문들에 대한 대답을 제공해야 하는 내용이 들어 있었다.

성도들이 용서에 대해 물어 올 질문에는 이런 것들이 있을 수 있다. 대부분은 "못믿겠다"형이다. 과연 이 진리가 실생활 속에서 어떻게 적용될 수 있는지(실증적 실험)를 알기 원한다. 이러한 질문에 대한 답변을 미리 준비해야 한다.

- 만일 나에게 해를 끼친 사실을 모르고 있을 때에는 어떻게 할 것인가?
- 계속해서 용서해 주는 것이 과연 옳은 일인가? 다시 말하면, 빚을 지고 있는 사람에게 계속 돈을 빌려주는 것이 과연 옳은 일인가?
- 만일 관계 회복이 불가능한 경우에는 어떻게 할 것인가? 예를 들어, 이혼한 아내가 다른 남자와 재혼을 했을 때와 같은 경우.
- 만일 나에게 해를 가한 사람이 죽었다면 어떻게 할 것인가?

설교는 성도들에게 카메라의 들여다보는 렌즈와 같다는 사실을 기억하라. 설교의 본문을 통해서는 일단 하나님께서 말씀하시는 바에 대한 기본적인 아이디어를 얻게 되며, 적용 부분에 가서 성도들은 좀더 확실한 그림를 보게 되며 순종이라고 하는 선명한 초점을 잡을 수 있게 되는 것이다.

예화

설교의 영향력은 설교 속에 들어 있는 예화와 항상 관계가 있다. 이것은 전 세계적으로 사실이다. 훌륭한 의사 전달을 위해서는 좋은 예화들을 많이 사용한다. 예수님을 위시해서 당신이 알고 있는 훌륭한 설교가들을 생각해 보라. 예외 없이 모두 이야기를 잘하는 사람들일 것이다. 왜? 이야기나 예화는 의사 전달의 원리와 부합되는 것이기 때문이다. 예화는 청중을 그들이 알고 있는 것들로부터 모르는 것들로 이끌어 가는 일을 한다.

예화의 가치

예화의 목적은 예를 들어 주는 데에 있다. 설교의 길이를 늘리기 위해 예화를 사용하는 것은 잘못된 것이다. 예화는 조명하는 데 그 목적이 있지, 길이를 늘리는 데 있는 것이 아니다. 예화는 내용의 이해를 돕는다. 그러나 설교가 예화에 그 초점이 맞춰져서는 안 된다. 예화는 사람들을 즐겁게 해주는 것이 그 목적이 아니라 (물론 즐겁게 해주는 기능이 포함될 수는 있지만), 설명하고 있는 내용을 성도들이 좀더 잘 이해할 수 있도록 해주는 것이 그 목적이다. 때때로 아주 좋은 예화를 발견하게 되면 설교를 그 예화에 짜맞추려는 유혹을 경험하게 된다. 그렇게 되면 결국 설교는 그 예화에 의해 이끌려 가게 되며, 성도들은 설교의 내용보다는 그 예화만을 기억하며 교회를 떠나게 되고 만다. 여기에서 설교의 목적의 중요성을 다시 보게 된다. 설교에 있어서 목적의 다리는 필요한, 또 불필요한 예화를 잘 걸러내 준다. 예화가 설교의 초점이 되서는 안 된다. 그것을 가지고 설교할 만하다고 느껴지더라도, 예화를 전하기 위해 설교를 하는 것은 아니다. 예화를 포함한 여러 가지 효과적인 수단들을 사용하면서 하나님의 말씀을 전하기 위해

설교를 하는 것이다.

훌륭한 설교자는 예화를 사용할 것이다. 그러나 적절한 곳에, 적절한 시간에, 올바른 목적으로 사용해야 한다.

예화를 사용할 때에 얻게 되는 유익을 몇 가지 소개한다.

> 예화는 다음 사항을 피하는 데에
> 도움을 준다.
> - 이해의 부족
> - 산만해짐
> - 무관심
> - 단조로움
> - 핑계

- 이해의 부족을 도와준다: 예화는 조명하는 역할을 한다. 설교의 개념과 방향에 빛을 비춰 준다. 설교자가 자신의 생각을 표현하는 데 도움을 준다. 사진 촬영을 할 때에 사진 기사는 객체의 상세한 내용이 잘 찍히도록 하기 위해 조명을 밝힌다. 마찬가지로 예화는 듣는 사람들의 마음속에 설교의 내용을 밝혀 주는 역할을 한다. 어두운 데서 좋은 사진을 찍을 수가 없다.
- 지루함과 산만해지는 것을 방지해 준다: 이 책이 제시한 방법으로 설교의 체계를 유지해 나간다면, 성도들에게 많은 내용을 전달하고 싶을 것이다. 열심히 본문을 연구하고 나면, 아직 준비가 되지 않은 성도들에게 자질구레한 것들과 주석적이고 전문적인 내용들도 전하고 싶은 유혹을 받게 될 것이다. 그러나 성도들은 그런 것들에 대해 싫증을 느끼게 될 것이다. 특별히 그런 것들이 설교의 대지와 별 상관이 없는 경우에는 더욱 그렇다. 모든 필요

한 부분들에 대해 예시적으로 설명하며, 불필요한 설교의 무게를 줄여 나가는 것이 설교자의 책임이다. 예화는 설교 중에 성도들의 관심을 불러일으키며 설교를 재미있게 해주기도 한다.

- 무관심해지지 않도록 해준다: 좋은 예화는 관심을 불러일으킬 뿐만 아니라 오랫동안 관심을 지속시키는 역할도 한다. 예화는 마치 오래전의 기억을 되살려 주는 사진과도 같다. 예화는 성도들이 이미 알고 있는 것들과 지적인 연상을 할 수 있도록 상상력을 자극해 준다. 그렇게 함으로 예배가 끝나고 난 후에도, 그들의 마음속에서 설교의 내용을 계속 들을 수 있게 해준다. 예화는 성도들이 영적 여행을 할 때에 진리가 자동 기어 장치에 걸리도록 해주는 역할을 한다.

- 단조로운 내용과 논리를 피하게 해준다: 대부분의 설교자들은 자신들의 생각에 좋다고 여기는 사고와 설교의 패턴 속에 빠져들게 된다. 타고난 창의성을 지니고 있는 사람이 아니라면 재미있는 방법으로 설교할 수 있는 법을 계속해서 연구해야 한다. 단조로움을 극복할 수 있는 좋은 방법 중의 하나가 다양한 예화를 사용하는 것이다. 이는 사고하고 말하는 스타일을 폭넓게 해야 함을 의미한다. 다양한 예화는 다양한 성도들에게 효과가 있을 것이다. 특별히 젊은 세대는 예화를 좋아한다. 유·초등부 어린이들이 설교가 좋았다고 말할 때에는 주로 이야기를 의미한다. 그들이 계속해서 설교에 집중하도록 해준 것이 바로 이야기이기 때문이다.

- 핑계를 없애 준다: 예화가 설교의 초점을 맞추는 데에 도움이 된다는 것을 설명하기 위해 사진 촬영의 예를 들었었다. 때로는 적용을 할 때 예화를 사용하여 행동에 옮기도록 도전을 줄 수 있

다. 적용이나 결론에서 예화를 사용함으로 설교가 실제 생활 속에 적용될 수 있음을 강하게 보여줄 수가 있다. 예화는 순종하기 어렵다는 핑계를 없애 주는 역할을 하기도 한다.

예화 찾기

적절한 예화를 찾기 위해 기도하며 찾는다고 한다면, 예화를 찾는 것은 설교를 준비하는 과정에 관여하시는 하나님의 인도하심의 일부라고 확신할 수 있다. 가장 좋은 예화는 어떠한 내용을 설명할 것인가를 생각하고 있을 때에 얻을 수 있게 된다. 우리 마음이 특정한 내용에 집중되어 있으면, 우리 눈은 그것에 적절한 예화를 잘 발견할 수 있게 되는 것이다.

예화를 찾을 수 있는 방법 한 가지를 소개한다. 그것은 생활을 관찰하는 것이다. 비처(Beecher)라는 설교자들에게 예화 찾는 법을 가르쳐 주기 위해 성경적인 표현을 사용해서 "눈이 있으니 봐야 하고, 귀가 있으니 들어야 하고, 정신이 있으니 이해해야 한다"[6]고 말했다. 그리고는 창조해 내고 발전시켜야 한다. 상상력을 활용해서 어떠한 사건을 필요한 것에 맞도록 변화시키는 일을 해야 한다. 관찰, 관찰, 관찰해야 한다!

예화를 찾을 수 있는 네 가지 자료가 있다.

예화 자료

자신의 생활
다른 사람들의 생활
모든 사람들의 생활
가공의 사람들의 생활

설교자 자신의 생활이야말로 가장 좋은 예화의 자료이다. 또한 가장 잘 알고 있기에 최선의 예화가 나올 수 있다. 개인적인 예화를 사용하는 것을 가지고 사과할 이유는 전혀 없다. 단지 그 예화를 통해 자신의 모습이 고양되지 않도록 조심해야 한다.

성도나 성경 중의 인물이나 역사 속의 인물 또는 문학 작품 속의 인물들과 같은 다른 사람의 경험을 예화로 사용할 수도 있다. 그러나 사적인 내용은 공개하지 않도록 조심해야 한다. 역사적인 내용을 사용할 때에는 성도들이 그 사건의 역사적인 배경을 잘 알고 있나를 확인해야 한다. 예를 들어, 인도에 가서 설교를 하면서 직질한 배경 설명도 없이 미국 남북 전쟁 때의 사건을 예화로 사용해서는 안 된다는 뜻이다. 당신이 아주 박식해서 고전 작품에서 무엇을 인용한다고 할 때에, 성도들은 그 내용을 잘 모르고 있을지도 모른다는 사실을 기억해야 한다. 호머나 아리스토텔레스의 헬라 고전이나, 칼빈이나 루터 같은 사람들의 종교 개혁의 고전적인 작품들은 서양 문화의 배경적인 지식이 없는 사람들에게는 아무 의미를 갖지 못한다는 것이다.

또한 모든 사람들이 경험하는 바를 예화로 사용할 수도 있다. 예를 들면, 성도들 모두의 삶 속에 있었던 승리나 패배의 경험을 사용하는 것이다. 아마 거의 대부분의 사람들이 지진이나 비행기 폭발 사고 또는 선거와 같은 사건들에 대해서는 쉽게 공감할 수 있을 것이다.

만일 당신이 혁신적이거나 상상력이 풍부하다면, 아무도 경험하지 않은 일이라도 설명할 내용을 잘 예시해 줄 수 있는 이야기를 꾸며낼 수도 있다. 이것은 거짓이 아니라 픽션이다(진리의 여부에 관한 문제와는 별개이다). 예를 들면, 예수님의 탄생을 예고했던 천사와 목자들 사이의 대화를 창조해 내는 것이다.

예화의 사용

예화를 바르게 사용하는 방법이 있다. 설명하려는 요지가 예화보다 앞서 나와야 되며, 예화의 뒤에도 다시 나와야 한다. 이렇게 함으로 성도들이 설명하는 요점을 이해하며 기억할 수 있게 된다(설교를 할 당시나 또 그 이후에도). 예화가 사용되는 순서는 아래와 같다.

예화를 어떻게 사용할 것인가?
1. 요지를 제시하라(전환하는 표현이 필요할지도 모른다).
2. 요지에 대한 예화를 말하라.
3. 성도들과 연관을 시키라.
4. 요지를 다시 제시 또는 복습하라.

시편 133편의 설교 중에 한 요지를 설명하기 위해 예화를 사용하는 순서를 예로 소개해 본다.

1. 요지: 우리가 우리 밖에 있는 어떤 한 가지 목표에 집중하게 될 때에 거기에는 하나됨이 있습니다(전환: 이 사실을 다음과 같은 예화를 통해 발견하게 됩니다).
2. 예화: 알래스카의 말과 나귀는 하이에나에 대한 적대감을 공통적으로 경험합니다. 공격을 당하게 되면 말들은 머리를 안쪽으로 하고는 원을 그립니다. 그리고는 다리를 바깥쪽으로 하고 뒷발질을 마구 합니다. 그렇게 해서 그들의 적을 퇴치합니다. 나귀들도 원을 그립니다. 그러나 다리를 안쪽으로하고 머리를 바깥쪽으로 합니다. 그리고는 뒷발질을 열심히 함으로 서로를 죽이고 맙니다.
3. 성도들과의 연관[7]: 우리는 서로를 차서 죽이는 나귀가 아니라,

적을 무찌르는데 힘을 집중하는 알래스카의 말과 같이 되어야 합니다.
4. 요지를 다시 제시: 우리 밖에 있는 어떤 공동의 목표에 집중하게 될 때에 우리는 하나됨을 이룰 수가 있습니다.

이제는 얼마나 많은 예화를 얼마나 자주 사용할 것인가에 대해 생각해 보자. 기본적인 원리는 설교의 목적을 달성하기 위해 필요한 만큼의 예화를 사용하는 것이다. 사용하기 원하는 모든 예화를 (또는 준비힌 설교의 내용을) 다 사용할 만큼 시간이 충분한 경우는 없다. 그러므로 조정이 필요하게 된다.

어디서 예화를 사용할 것인가? 설교 중에 딱딱하거나 지루한 모든 부분은 예화를 필요로 한다. 그러나 항상 예화가 필요한 부분들이 있는데 아래와 같다.

- 성도들의 관심을 끌며 필요를 제기하게 되는 서론 부분
- 설교를 끝마치게 되는 결론 부분
- 설교 중간, 매대지마다 적어도 하나씩의 예화를 사용할 것을 권한다. 때로는 소지에도 짧은 예화를 사용하기도 한다.

설교 전체를 염두에 두고 아래와 같은 질문들을 던져 보면서 어디에 예화가 필요한가를 살펴보도록 해야 할 것이다.[8]

- 연관성의 문제: 어느 부분에 어떠한 예화를 사용하면 더욱 더 설명이 잘 될 수 있겠는가? 만일 "주 예수께서 항상 여러분과 함께 하십니다"가 요지라고 한다면, 추가적인 설명이 필요하다.

다음과 같은 질문이 나올 수 있다: "눈으로 볼 수 없는데 어떻게 우리와 함께 계신다는 것을 알 수 있는가?" 이러한 질문은 예화를 필요로 한다. 우리 생활 속에 경험하는 것을 예로 사용할 수 있다. 마치 우리가 비행기나 배로 여행을 할 때 눈에는 보이지 않지만 항상 같이 있는 비행기 조종사나 배의 선장과 같이, 예수님은 우리와 함께 계신다.

- 신빙성의 문제: 어떠한 예화가 (또는 예화의 어느 부분이) 요지의 진리됨을 성도들이 보고, 믿으며, 받아들일 수 있도록 하는 데 도움을 줄 수 있는가? 예를 들면, 내가 타고 있던 배가 폭풍에 휩싸였을 때에 눈에는 보이지 않았지만 선장이 배를 안전하게 항해하도록 조정했던 경험을 예화로 사용할 수 있을 것이다.
- 주장의 문제: 어떠한 예화가 성도들로 하여금 요지가 의미하는 바를 깨달으며 생활에 적용할 수 있도록 도울 수 있을까? 예를 들면, 내가 배 안에 있으면서 걱정을 해 봐야 그 걱정이 선장의 기술을 향상시키거나 배의 안전을 도모하는 일에는 전혀 도움이 되지 못한다는 것이다.

많은 종류의 예화가 있으며, 문화적 상황에 따라 더욱 효과적인 부류의 예화가 있을 수 있다. 배경적인 설명이 없는 한 줄짜리 예화는 안 통하는 문화도 있을 것이다. 어떤 성도들에게는 유머스러운 것이 다른 성도들에게는 그렇지 않을 수도 있다. 어떠한 문화의 성도들은 피상적인 이야기를 오랫동안 해도 잘 이해할 수 있는 경우도 있지만, 그렇지 못한 경우도 있을 것이다. 일화는 어느 문화에도 효과적인 것 같다. 하지만, 특정한 성도들의 필요를 채워 줄 수 있도록 알맞게 조정을 해야 한다.

이 모든 것 위에, 성도들을 위한 예화의 필요성, 그들의 학습 습성, 특정한 사회가 진리를 선포할 때에 어떠한 화법을 사용하는가 등의 문제에 대해 민감해야 할 것이다. 예화의 필요성과 어떤 예화를 사용할 것인가를 숙고할 때 이 질문을 던져 봐야 한다: "성도들의 사고 체계에 비추어 볼 때에 나의 설교의 목적을 제대로 달성하기 위해서 본문의 어느 부분이 예화를 통해 설명되어져야 하겠는가? 어떠한 예화가 성도들이 알고 있는 진리를 통해 모르고 있는 진리를 이해할 수 있도록 도움을 줄 수 있겠는가?"

결론[9]

결론은 설교를 종결짓는다. 결론은 설교의 여러 줄기를 정리해 주며, 설교의 중심 명제를 복습시켜 주고, 앞에서 제기된 문제들에 대한 답을 제시해 주며, 성도들이 순종의 결단을 하도록 초대한다.

결론은 적용을 포함한다. 만일 적용이 이 시점까지 다루어지지 않았다면, 결론에서 적용의 문제를 다루어야 할 것이다.

결론은 설교의 마지막 부분이다. 그러므로 설교의 절정으로 치닫는 부분이다. 설교자는 하나님께서 성도들에게 원하고 계시는 내용을 반복하거나 다시 선언해 주어야 한다. 결론은 두 가지 요소를 갖춰야 한다. 그것은 일관성과 해결이다. 일관성: 여기서 성도들은 설교의 모든 중요한 대지를 간략한 표현을 통해 다시 들을 수 있어야 한다. 해결: 설교의 서론 부분에서 설정되었던 목적지에 도달했다고 하는 느낌을 받을 수 있어야 한다.[10]

잘못된 결론들

잘못된 결론은 큰 문제이다. 잘못된 결론을 예방할 수 있는 방법들이 몇 가지 있다.

- 갑자기 중단해서는 안 된다. 만일 연주자가 처음 3단을 멋지게 연주하다가 갑자기 멈추어 버린다면 당신의 기분이 어떻겠는가?
- 잘못된 신호를 주지 말라. 어떤 설교자들은 설교가 끝나기 한참 전에 성경을 덮어 버린다. 성도들은 이 자비로운 행동을 보고 난 후에 5분이 지나도록 계속해서 열변을 토하는 설교자를 보면서 의아해 하게 된다. 또 어떤 설교자들은 "마지막으로"라는 말을 해 놓고도 계속 질질 끌기도 한다. 이것 역시 잘못된 신호이다.
- 결론을 복수화하지 말라. 착륙했다가 다시 이륙하기를 반복하며 승객을 내려 주지 않는 조종사가 있다고 한다면 당신의 기분이 어떻겠는가?
- 결론에 가서 전혀 새로운 얘기를 꺼내지 말라.
- 설교 자체보다 더 긴 결론을 만들지 말라.
- 결론에 이르기 전에 결론을 말하지 말라. 만일 미리 결론을 말하게 되면, 실제 설교를 마치기 전에 성도들은 이미 정서적으로는 예배당을 떠나 버리게 된다.
- 결론 부분에 가서 맥빠진 분위기를 연출하지 말라. 결론은 보조물이나 설교 본문에 대한 각주가 아니다. 결론은 엄연한 설교 전체의 중요한 한 부분이다. 결론이 별로 중요하지 않게 들리게 되면, 성도들이 관심을 쏟지 않게 되고 말 것이다.

훌륭한 결론들

훌륭한 결론을 내리는 방법을 몇 가지 소개한다.

- 대지들에 대한 요약과 함께 중심 명제를 분명하게 선포하는 것은 좋은 결론을 맺는 하나의 방법이다.
- 개인적으로 순종할 수 있는 전략을 포함한 적용을 제시하는 것은 더욱 더 효과적일 수 있다.
- 본문의 진리를 간단한 하나의 문장으로 제시하거나, 기억하기 쉽게 현대 감각에 맞도록 표현된 중심 명제를 밝혀 주면 아주 효과적일 것이다.
- 마지막으로 중심 명제를 보충적으로 설명해주는 이야기를 들려주는 것도 좋은 방법일 것이다. 이 때에는 예화의 세 가지 기준, 즉 연관성, 신빙성 그리고 주장의 기준에 부합되는 예화여야 할 것이다.

만일 적용이 설교의 후반부에 자리잡도록 설교 계획을 짰다면, 결론이 최대의 효과를 미칠 수 있도록 하기 위해, 적용에 관한 이슈들(예를 들면, "그래서?"와 "이제 나는?" 등의 문제들)에 대해 깊이 생각해 보라.

결론에 대해 성도들의 어떠한 반응을 기대할 것인가? 최대의 결실은 역점을 두어 설명했던 인격/행동의 변화를 가져올 수 있는 창의적인 방법과 함께 설교의 마지막 강조점을 실천에 옮길 수 있도록 결단을 내리게 하는 것이다. 캠벨 모간(G. Campbell Morgan)의 표현을 빌리자면, 영향력 있는 결론은 "의지의 아성을 폭풍우로 내려치는 것과 같다." 자, 가서 성도들의 의지를 폭풍우로 내려치도록 하자!

설교의 선포
설교의 살

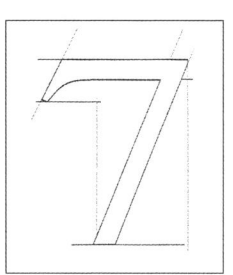

	7 설교의 선포
	6 설교의 구조
	5 설교의 중심 명제
	4 목적의 다리
	3 본문의 중심 명제
	2 본문의 구조
	1 본문의 연구

말씀 조각 과정의 일곱 단계

    이제 본문을 가지고 조각해 나가는 설교 작품의 마지막 손질을 해야 할 단계에 왔다. 설교의 원고를 쓰고 설교를 선포하는 것으로 설교 조각의 과정은 완성되게 된다. 설교를 잘하기 위해서는 설교를 먼저 글로 쓸 것을 권장한다. 설교의 내용을 글로 쓰는 작업은 설교 작성의 마지막 손질에 해당한다. 그러나 설교를 하기 전에 먼저 설교자 자신에 대한 마지막 손질이 필요하다.

설교 원고 작성		설교의 전달
	생각하라	
설교의 내용		설교자의 스타일
설교의 구성		설교자의 전달

설교 원고의 작성

지금까지 설교에 필요한 모든 작업이 거의 다 마쳐진 상태이다. 이제는 그것들을 종이에 옮겨야 한다.

내가 신학 대학원에서 설교학을 공부하면서 설교의 내용을 글로 옮겨 적으라는 말을 들었을 때 마음속에 별생각이 다 들었었다(고상한 생각들은 아니었다). 이미 몇 년 설교를 해 오고 있었는데, 설교의 내용을 글로 옮겨 적으라는 말을 이해할 수가 없었다. 설교의 즉흥적인 맛을 빼앗아 버리는 쓸데없는 시간 낭비라고 생각을 했었다. 더 나아가서 교수님들은 원고 없이 설교를 해야 한다고 했다. 이것 역시 오랜 세월 동안 길들여 온 내 설교술을 방해하는 요소라고 생각했다. 그러나 일단 교수님들의 전문적인 가르침에 순종하기로 했다. 그렇지만 졸업을 하면 다시 본래의 방법대로 간단한 원고와 함께 즉흥성을 가지고 하는 내 나름대로의 설교를 하리라고 생각을 했다. 어쨌든 그렇게 열심히 설교를 준비해 놓고 원고를 가지고 강단에 올라가지 못한다면 굳이 열심히 준비할 이유가 무엇인가? 활용도 못할 원고를 왜 모두 글로 옮겨 적으라는 것인가?

설교학 강의를 다 듣고 난 후에, 설교에 대한 내 생각과 실제 설하는 모습에는 엄청난 변화가 일어나게 되었음을 부끄러운 마음으로 인정할 수밖에 없었다. 설교학 강의를 듣고 난 후 다시는 원고를 사용하지 않게 된 사실을 담대하게 또한 기쁘게 말할 수 있게 되었다. 철저한 설교 준비를 마치고 난 후 다시는 원고가 필요 없게 되었다. 원고가 전혀 없다는 뜻은 아니다. 모든 설교에는 완전한 원고가 있었다. 실제로 본문에 충실한 강해설교를 제대로 하지 못하게 될수록, 더욱 더 원고에 의존하게 된다.

설교하는 시간에 사용하려고 의도하는 단어 하나 하나를 다 글로 옮기도록 하라. "사용하려고 의도하는 단어 하나 하나를 다 글로 옮기도록 하라"는 표현을 주목해 보라. 이 뜻은 결국 설교하는 실제의 시간에는 꼭 그렇게 하지 않을 수도 있다는 뜻이다. 성령 하나님께서 당신이 말하려는 것을 바꾸실 수도 있다. 아무 때라도 그렇게 하실 권리를 가지고 계신다. 설교를 준비하는 모든 과정 속에 성령께서는 적극적으로 개입하신다. 처음에 말씀을 공부하는 시간을 성령 하나님께 온전히 의탁하는 그 때부터, 성도들을 하나님 말씀에 순종하도록 초청하는 그 시간까지 성령 하나님께서는 이 작업에 간섭하신다.

설교 원고를 글로 쓰는 작업은 많은 장점들을 가지고 있다.

- 설교가 발전되어 가는 과정을 직접 볼 수 있으므로, 설교의 내용을 향상시킬 수 있다.
- 글로 쓰게 되면, 설교를 직접 전하기 전에 설교를 내 것으로 소화시킬 수가 있다(외우는 것이 아니라).
- 새롭거나 더 좋은 정보들을 얻게 됨에 따라 설교의 내용을 향상시킬 수 있다.
- 예화나 전환 구절이나 또는 적용 등에 더 필요한 부분이 있는가

를 알 수 있게 해준다. 불필요하거나 부적당한 내용은 또 제거할 수도 있게 해준다.
- 설교의 길이가 얼마나 될 것인가를 알 수 있으며, 따라서 그 길이를 조정할 수 있게 된다. 경험을 통해서 설교 원고의 한 페이지를 설교하는 데 얼마나 시간이 걸리는지 알게 된다. 한 페이지에 5분이 걸린다고 한다면, 여덟 페이지의 설교는 40분 정도 걸린다는 것을 알 수 있다.
- 원고를 미리 많이 보아 둠으로 해서 강단에 섰을 때는 설교 내용을 기억하는 데 많은 도움을 얻게 된다. 설교 원고나 노트를 강단으로 가지고 올라갈 필요가 없게 된다. 이 책에 소개된 대로 설교를 준비하고 나면, 준비한 내용에 대해 매우 잘 알게 되므로, 성경 본문 자체가 준비한 원고의 내용을 생각나게 해 줄 것이다.
- 다른 교회에 가서 설교를 하게 되더라도 중요한 것들은 하나도 빼놓지 않고 설교를 할 수 있을 것이다(물론 다른 교회의 분위기에서 설교할 때에는 약간의 수정이 필요하겠지만). 원고를 써놓지 않고는 같은 설교를 할 수 없다.
- 이미 사용한 예화들이 어떤 것인가를 기록에 갖고 있으므로, 같은 예화를 반복해서 사용하지 않게 된다.
- 설교집을 내는 데도 도움이 될 것이다. 어쨌든 후에 다시 사용할 수 있는 설교의 내용을 글로 간직할 수 있게 된다.

준비가 없이는 좋은 설교가 나올 수가 없다. 그러나 노트가 없는 좋은 설교는 가능하다. 습관적으로 즉흥적인 설교(종종 즉각적인 성령의 영감이라고 오해되는)를 하는 설교자는 순간적으로 떠오르는 생각에 결국은 굴복하게 되고 만다. 또한 설교를 제대로 준비하거나 계획하지 않았기 때문에 그 스타일이 단조롭고 비슷한 주제와 같은 예화들을 되풀이하는 결과를 가져온다. 성도들을 영양이 풍부하고 훌륭한 하나님 말씀의 꼴로 양육하기 원한다면, 부득이한 경우를 제외하고는 즉흥적인 설교를 하지 않도록 각별히 조심해야 할 것이다.[1]

언어와 스타일

아리스토텔레스는 「수사학」이라는 책에서 수사학에 대해 "무엇을 말할 것인가를 아는 것만으로는 부족하다. 어떻게 말할 것인가를 알아야 한다"라고 말했다. 스타일은 전하고자 하는 내용을 효과적으로 전하기 위해서 어떻게 언어를 사용할 것인가에 관한 문제이다. 스타일이 자랑이며 개인적인 교만의 표현으로 받아들여지는 문화도 있다. 그러나 의사 소통이라고 하는 면에서 스타일은 우리의 사고에 옷을 입혀 주는 언어의 선택과 사용을 의미한다.

문제는 스타일이 있느냐 없느냐가 아니다. 모든 사람은 나름대로의 스타일을 가지고 있다. 문제는 그 스타일이 효과적이냐 비효과적이냐이다. 스타일의 문제에 대해 기독교의 안과 밖에서 많은 서적들이 나와 있다.[2] 스타일의 문제는 (설교의 전달도 마찬가지로) 문화적인 고려가 동반되어야 한다. 스타일에 관한 일반적인 원리들을 설교자의 개성, 성격, 기술, 그리고 상상력과 각 지역의 문화적 상황을 고려해서 알맞게 이해하며 적용해야 할 것이다.[3]

분명하고 구체적인 단어와 문장을 사용하라. 예를 들어, 설교의 중심 명제 속에 한 가지 이상의 의미를 가지고 있는 단어를 사용하지 말

라. 만일 두 가지의 의미를 가지고 있는 경우에는 성도들이 꼭 잘못된 의미를 취한다는 사실을 기억하기 바란다! 분명한 표현은 추상적이거나 애매 모호하지 않다. 그것은 일반적으로 짧고 간단하며 아주 구체적이다.

생각을 자극하거나 감각적인 단어들을 사용하라. 설교에서 사용하는 단어들은 감각에 호소할 수 있는 것이어야 한다. 설교자는 성도들이 보고, 듣고, 맛을 보고, 냄새를 맡고, 심지어는 이미지를 담고 있는 표현들을 느낄 수 있기를 바란다. 설교자의 음성은 음성 상자로부터 흘러나오는 단순한 소리만은 아니다. 그림을 그려 가며 설교를 해야 한다. "사람들 앞에서의 행위가 없는 개인적인 믿음은 소용이 없습니다"라고 말하기보다는 "사람들 앞에서의 행위가 없는 개인적인 믿음은 고리가 없는 옷걸이와 마찬가지로 소용이 없습니다"라고 말하는 것이 더욱 효과적이다. 설교자가 사용하는 단어들은 기쁨이나 자유함이나 평정이나 분노나 긴장이나 죄책감이나 또는 어떠한 감정이라도 설교의 목적에 부합되는 감정들을 성도들의 마음속에 불러일으킬 수 있다.

이미지가 담긴 단어들
(단어의 선택)

내가 사용하는 단어들은 분명하고 구체적인가?
내가 사용하는 단어들은 생각과 느낌을 자극하는가?

이 부분에서 효과적이기 위해서는 먼저 성도들을 잘 이해해야 한다. 성도들을 위해 설교를 쓰고 있다는 사실을 기억해야 한다. 능력 있게 말씀을 전달할 수 있는 방법을 알아내기 위해서는 성도들이 겪고 있는 경험에 대해 전반적으로 생각해 봐야 한다. 성도들이 알고 있으며 동시에 설교자 자신에게 편안한 용어들을 사용해야 한다. 너무 진부한 표현은 피하는 것이 좋다. 설교를 통해 성도들이 무엇을 들어주기를 설교자 자신이 원하는가, 또한 그들이 어떻게 듣기를 설교자 자신이 원하는가, 자문해 봐야 한다. 색깔, 소리, 맛, 냄새 그리고 느낌으로 설교를 가득 채우도록 하라. 설교가 이미지들로 불타오르지 않으면, 설교를 불로 태워 버리는 것이 나을지도 모른다.

설교를 글로 옮기는 도중에 스타일에 관해 다음의 질문을 던져 보도록 하라: "이해하기가 쉽고 재미가 있는가?" 단어들, 문장들, 단락들을 가지고 씨름하며, 다시 쓰고, 다시 고치고, 또 다시 언어를 배열하고 하는 식의 과정을 통해 이해하기 쉽고 재미있는 설교가 될 때까지 노력을 해야 한다.

강단에서의 유머 사용은 어떠한가? 유머 감각이 뛰어난 설교자는 지혜를 전달함에 있어서 유머를 사용해야 한다. 성경에서도 유머가 이 목적을 위해 사용되었다. 시간을 때우거나 자신의 명성을 높이기 위한 목적으로, 사람들을 즐겁게 해주기 위해 유머를 사용해서는 안 된다. 내가 알고 있는 남아시아의 한 신부는 너무도 유머 감각이 뛰어나서 사람들은 그가 말을 꺼내기도 전에 웃어 버린다. 마치 서커스가 재미있든 없든 상관 없이 그저 광대를 보자마자 사람들이 웃게 되는 것과 유사하다고 하겠다. 이러한 현상은 강단에서는 부적절한 것이다.

그러나 유머는 설교자의 재미있는 면을 보여주어 설교자가 성도들의 신임을 얻게 해준다는 면에서, 설교 전체를 통해 흥미를 유지하며 기대감을 창출한다는 면에서, 성도들의 닫혀진 마음을 열리게 한다는 면에서, 또한 진리를 쉽게 설명해 준다는 면에서 아주 효과적인 도구가 될 수 있다.

이런 면에서 스타일은 설교에 살과 뼈와 땀을 공급함으로 설교에 생명력을 가져다 주는 역할을 하게 된다.

순서와 각 요소들

설교 원고를 글로 옮길 때에는 제6단계 "설교의 구성"에서 다룬 내용을 따라서 조심스럽게 작성해야 한다. 그 순서와 각 요소에 대한 복습을 해본다.

제목
제목은 설교를 대표하는 것이다. 제목은 현대 감각에 맞아야 하고, 정확하며 또한 분명하고 짧아야 한다.

본문
설교의 본문을 밝혀 주거나 또는 제6단계에서 말한 것과 같이 설교를 해 나가는 중에 읽을 수도 있다.

서론의 서두
서론의 서두에서 설교의 본론 자체로의 전환은 잠깐의 쉼, 기도, 설교 본문 봉독, 또는 이제 설교의 본론으로 들어간다는 어떠한 표시를 성도들에게 보여줌으로 이루어진다. 서론의 서두 부분은 글로 다 쓰지는 않더라도 이에 대한 준비는 해 두어야 한다.

서론
서론은 성도들의 관심을 끌어야 하며, 필요를 제기해 주고, 주제를 향해 준비를 시켜 주며, 설교의 목적을 밝혀 준다. 연역적인 설교의 경우에는 설교의 중심 명제를 서론의 끝부분에서 알려 주어야 한다. 귀납적인 설교의 경우에는 서론에서 주제만 다루면 된다.

서론내의 요지

본문의 배경과 문맥을 다룬다. 설교의 구조에 대해 아니면 적어도 첫번째 대단원에 대해 예고해 준다. 설교의 중심 명제 또는 본문의 중심 명제까지라도 선언해 주며 반복적으로 선언할 필요가 있다.

설교의 본론

제6단계의 아웃라인에 근거하여 설교 본문을 써 나갈 때에 기억해야 할 내용들이 몇 가지 있다.

 Ⅰ. 첫번째 대단원

　이 단원의 대지를 완전한 문장으로 기술한다. "S.A.V.E. (a) Point"를 기억하는가? 요지를 주장하라. 요지를 본문과 연결시키라. 요지를 증명하라. 요지를 설명하라. 가능하면 요지를 적용하라.

　이 대단원내에 있는 중단원들을 소개하는 것을 잊어서는 안 된다.

　A. 첫번째 중단원

　　이 중단원내에 있는 소단원들에 대해 소개할 수도 있다.

　　1. 첫번째 소단원

　　2. 두 번째 소단원

　　　여기서 다음 소단원으로 넘어가기 전에 이 소단원에 대해 복습을 할 필요가 있을지도 모른다.

　B. 두 번째 중단원

이 중단원의 모든 소단원들을 다룬 후에는 설교의 중심 명제를 복습하거나(연역적인 설교의 경우에), 주제를 복습하거나(귀납적인 설교의 구조의 경우에), 또는 바로 앞에 있는 중단원 혹은 첫번째 대단원에 대한 복습을 한다. 그리고는 두 번째 대단원으로 넘어간다.

첫번째 대단원을 위해 적절한 예화를 하나 정도는 꼭 집어 넣어야 한다.

    요지를 밝혀라.
    예화로 요지를 실명하라.
    요지를 성도들에게 연관을 시키라.
    요지를 다시 밝히거나 복습하라.

연역적인 설교에서는 여기에서 첫번째 대단원에 관한 적용을 해야 한다. 성도들에게 맞도록 잘 재단된, 그리고 구체적인 적용이어야 된다.

설교의 각단원마다 이와 같은 모양의 구조를 갖게 될 것이다.

마지막 대단원이 끝이 나면 설교의 중심 명제를 충분히 설명해야 한다(연역적인 설교의 경우에는 강조와 복습의 목적을 위해 여기서 반복하게 된다). 귀납적인 설교의 경우에는 성도들에게 맞도록 잘 재단된, 그리고 구체적인 적용이 여기서 이루어지게 된다.

결론

결론에서는 적용, 설교의 중심 명제의 재선언, 요약, 그리고 설교를 인상적으로 절정에 이르게 한다.

설교를 소화하기

　설교 원고를 다 쓰고 난 후에는 그 내용을 (외우는 것이 아니라) 소화시켜야 한다. 설교 준비를 처음 시작할 때부터 직접 만들어 낸 설교이기 때문에 이미 그 설교는 설교를 준비한 설교자의 영혼의 일부가 이미 되어 버렸고 설교의 본문과 준비 과정이 강단에서 기억을 되살려 주는 역할을 할 것이다. 특정한 예화나 특정한 부분에서의 전달 스타일 등을 기억해 두어야 하겠지만, 설교 내용을 글자 그대로 다 외울 필요가 없다. 예를 들어 어떤 재미있는 일화를 예화로 사용하려고 한다면, 그것을 어떤 식으로 얘기할 것인가를 미리 생각해 두어야 한다. 그렇지 않으면, 성도들이 그 이야기보다 설교자가 더 우습다고 생각할 수도 있기 때문이다. 다른 사람의 글을 인용하려고 할 때에, 그것을 다 외우지 못했다면, 작은 종이에 써서 설교 중에 그 내용을 직접 읽을 수도 있다.

　그러나 설교의 대부분의 내용은 외울 필요가 없다. 설교의 전달을 위해 준비하는 동안에 설교에 나오는 모든 대지들과 예화들을 종이 반장에 모두 적어 놓을 것을 권장한다.[4] 나의 암기 습관은 설교를 연구해 나가면서 아웃라인을 손으로 쓰는 것이다. 검정색이나 파란색으로 대지와 소지를 적고, 예화는 빨간색을 사용해서 반 장짜리 종이 위에 작성해 나간다. 빨간색이 별로 없을 때에는 예화가 더 필요하다는 뜻이 되고, 그래서 필요한 예화를 찾아서 필요한 부분에 채우게 된다. 아웃라인은 앞 장에서 다루었던 설교의 구성에 근거해서 작성된다.

　프랜시스 베이컨은 "독서는 든사람을 만들어 낸다; 대화는 준비된 사람을 만들어 낸다; 글을 쓰는 것은 정확한 사람을 만들어 낸다"고 말했다. 설교자는 정확한 사람이라는 소리를 듣기를 간절히 소망한다.

설교를 선포하기

지금까지 6장을 지나 7장의 중반부에 걸쳐서 설교를 준비해 왔다. 설교를 소화하고 저장하고 미래에 사용하기 위해 설교 원고를 글로 적었다. 이제는 실제로 설교를 전달하는 일이 남아 있다.

나의 제한된 경험에 의하면, 동양의 설교자들이 서양의 설교자들보다 유리한 조건에 놓여 있는 것 같다. 이야기와 말하기가 풍부한 문화적인 배경 속에 자라난 동양의 설교자들은 설교 전달 능력이 어릴 때부터 강화되었다고 볼 수 있다. 개인적인 대화 가운데서도 씩씩한 분위기를 경험하게 된다. 그러나 지적인 것에 치중되어 있는 헬라 철학에 의해 영향을 받은 문화 속에서는 종종 전달보다는 그 내용이 더 중시되는 경향이 있다. 물론 이러한 일반적인 관찰에는 많은 예외가 있을 수 있다.

비언어적 의사 전달

설교의 전달 효과는 설교자, 즉 그의 표정, 제스처, 목소리 등에 의해 좌우된다. 이런 것들은 비언어적 의사 전달의 도구이다. 표정, 제스처, 목소리 등이 때로는 내용 자체보다 더 큰 영향을 미치게 되는 경우도 있다. 한번은 친구와 점심 식사를 하면서 대화가 잘 되어 가고 있었는데, 이 친구가 시계를 자꾸 들여다보는 것이었다. 그가 말하는 것과 시계를 보는 것 중 어느 쪽이 의사 전달에 더 강한 효과를 나타냈을 것이라고 생각하는가? 비언어적인 의사 전달 수단은 효과적으로, 그리고 적절하게 사용되어야 한다. 설교자의 몸은 입과 함께 말을 하기 때문에 그 둘 사이에 조화가 이루어져야 한다. 그렇지 않으면 몸동작이

말의 내용을 거스를 수도 있게 될 것이다.[5]

비언어적 의사 전달의 수단에 대해 하나씩 살펴보자.

표정

얼굴에 관해서는 어떤 사람이 다른 사람보다 더 우위에 있을 수가 있다. 그러나 나는 얼굴이 좀 잘나지 못했다고 해서 강단에 서서 기가 죽지는 않는다. 성도들은 내 얼굴에 대해서는 이미 포기를 해 버리고, 그대신 설교와 설교자 자신과 성도들을 향해 어떠한 느낌을 갖고 있는가를 알아보기 위해 설교자의 얼굴을 바라보기 때문이다. 어떤 연구 조사에 의하면, 연사의 신빙성에 대한 판단의 반 이상은 그의 얼굴 표정에 의해 결정이 된다고 한다.

성도들과 눈이 마주치기 위해 설교 내내 가능한 최대의 노력을 기울여야 한다. 내 친구 중에는 가상의 발코니를 머리 속에 그리고 그곳을 바라보며 설교하는 사람이 있다. 또한 있지도 않은 창문 밖을 내다보면서 설교하는 사람도 있다. 나는 마치 테니스 경기를 보듯이 계속해서 머리를 좌우로 움직였던 적이 있다. 이런 식으로 성도들의 주의를 분산시키는 습관은 버려야 한다. 많은 회중 앞에서 설교를 할 때에는 각 부분에서 한 명씩, 즉 앞자리에서 한 명, 뒷자리에서 한 명, 이런 식으로 선택해서 이 사람들을 향해 개인적으로 대화하듯이 설교를 하는 것이 좋다.

설교를 해 나가면서 종종 웃을 필요가 있다. 특정한 치약 선전을 하는 것이 아니라면, 강단에 서서 웃는 것은 아주 좋은 일이다. 설교자 자신의 성격이나 설교의 내용, 또는 그 문화적인 예의에 어긋나지 않는다면 웃는 모습을 보여줄 필요가 있다. 결국 지옥 같은 표정과 하늘 나라 같은 표정 사이에 하나를 택해야 한다. "하늘 나라에 대한 애기를 할 때에 당신의 표정은 빛이 나야 합니다; 그리고 지옥에 관해 얘기할 때에는 당신의 평상시의 표정이면 적당할 것입니다"라고 스펄전 목사님이 말을 했던가?

빛나는 얼굴과 화난 얼굴은 쉽게 구별이 간다. 기쁨에 찬 얼굴과 슬픔에 찬 얼굴, 열심이 담긴 표정과 지루해 하는 표정 역시 쉽게 성도들은 구별할 수 있다.

제스처

표정과 마찬가지로 우리의 몸도 말을 한다. 언어적인 의시 전달에 도움을 줄 수도 있고 아니면 방해를 할 수도 있다.

몸의 제스처와 말 사이에는 세 가지의 관계가 있다.

- 제스처 전혀 없음: 몸은 그저 설교자를 따라올 뿐이다. 마치 수족을 베로 동인 채로 무덤으로부터 나오던 나사로의 몸과 같이, 몸이 질식된 상태이거나 마비된 듯한 모습이다.
- 지나친 제스처와 그릇된 행동: 이런 것들은 오히려 성도들의 주의를 산만하게 만든다. 제스처나 몸의 자세, 또는 몸의 움직임이 성도들의 관심의 초점이 되서는 안 될 것이다. 나는 어렸을 때에 강대상 옆쪽에 앉아서, 설교하는 목사님이 몇 번이나 무릎을 굽혀서 다리를 무릎 높이만큼 끌어올리는가를 세어 보곤 했었다. 또 다른 목사님은 귀가 가려워서인지 설교 중에 계속해서 손가락을 귓속으로 집어넣곤 한다. 어떤 목사님은 바울이 얘기했던 허공을 치는 복싱 선수를 연상케 하기도 한다. 주머니 속에 있는 열쇠를 계속 만지작거린다든지, 쓸데없이 안경을 계속 치킨다든지 하는 불필요한 행동들의 습관은 없애야 한다.

- 적절한 제스처: 설교를 해 나가는 동안에 몸 전체의 움직임은 자연스러워야 하며, 몸의 제스처는 선포되는 설교 내용의 메시지를 전달해야 한다. 예를 들면, 하늘을 언급하면서 손가락을 아래로 가리킬 수는 없을 것이다. 손가락의 사용, 눈썹을 움직이는 것, 팔을 벌리는 것, 주먹을 불끈 쥐는 것, 손바닥을 펴는 것 이외의 많은 몸동작들은 적절하게, 적절한 시간에 활용하면 효과적인 설교에 아주 커다란 도움을 주게 될 것이다.

나는 자기 아이의 생일 파티 때에는 매우 열정적인 신학생이 강단에 서기만 하면 이집트의 미이라 같은 모습으로 바뀌는 것을 경험했다. 언어적인 표현들의 효과를 극대화하기 위해 몸을 얼마든지 사용할 수 있다. 재미있는 사실은 강단에서 몸을 자유롭게 사용하는 데 들어가는 에너지나 가만히 서서 몸을 꼼짝도 하지 못하게 하는 데 들어가는 심리적인 그리고 신체적인 에너지는 똑같다는 것이다.

초조해지는 것은 괜찮다. 초조하다는 것은 자신의 부족함을 인정하며 성령 하나님의 도우심에 의존할 수 있게 해준다. 그러나 설교를 한 번 멋지게 해보겠다는 마음으로 초조함을 느낀다면, 그것은 거룩하지 못한 초조함일 것이다. 얼마나 강단에서 설교를 잘하는가를 가지고 자신을 평가해서는 안 된다. 만일 설교를 잘하고 못하고 하는 것으로 스스로의 평가 기준을 삼는다면, 결국은 우울증에 빠지게 되고 말 것이다. 오직 초조함을 성령 하나님을 더욱 더 의지하며 그 분을 향해 열린 마음으로 나아가는 데에 활용해야 할 것이다. 초조함을 스스로 정해 놓은 또는 외부로부터 오는 제약으로부터 벗어나서 성령님을 전적으로 의지하는 방편으로 이용해야 한다. 그렇게 할 때에만 성도들을 말씀으로 바르게 섬길 수 있게 될 것이다.

제스처를 능란하게 그리고 적절하게 사용하라. 이는 결국 자연스러운 몸동작을 의미하며, 적절한 제스처는 문화에 대해 적절히 대처하는 감각을 뜻하기도 한다. 설교하는 모습을 비디오 테이프에 담아서 설교의 스타일을 평가해 보고, 어색하거나 적절하지 못한 제스처는 제거해 나가야 한다. 나중에 테이프를 지워 버릴 수도 있다!

목소리

목소리의 어조는 의사 전달의 측면에서 보면 설교 내용보다 더 많은 역할을 담당한다. 그러므로 목소리를 효과적으로 사용하는 것도 중요하다. 적절한 목소리의 고저와 음질을 발견하고 다양한 속도와 크기로 발전시켜야 한다.

목소리의 고저:
목소리가 너무 낮거나 너무 높지 않은가?
목소리의 높낮이에 변화를 주는가?
기쁨, 긴박감, 명령 또는 확인 등과 같은 느낌들을 전달하는 목소리를 낼 수 있는가?

음질:
목소리 속에 비음이 섞여 있는가?
목소리에 쉰소리가 나는가?
부드럽고 안정감이 있는 목소리인가?

발음:[6]
분명하고 정확하게 말하는가?

발음이 정확한가?

속도:
너무 빨리 말해서 성도들이 못 따라오지 않는가?
너무 느리게 말해서 성도들이 지루해 하지 않는가?
경우에 따라 중간에 조금씩 쉬면서 말하는가?
빠르게, 천천히, 그리고 쉬어 가면서 속도에 변화를 주는가?

크기:
성도들이 특별히 애를 쓰지 않고 들을 수 있도록 충분히 큰 소리로 말하는가?
성도들의 귀가 따갑지 않을 정도로 부드럽게 말하는가?
소리의 크기에 변화를 주는가?

　오디오 테이프나 비디오 테이프에 설교를 녹음해서 목소리 사용하는 것을 평가해 보면 좋을 것이다. 듣기에 기분이 좋은 목소리인가? 속도와 크기에 변화를 주면서 설교를 하는가? 나는 머리 속의 생각이 말보다 앞서가고 또 설교가 너무 짧기 때문에 항상 더 천천히 설교하라고 스스로에게 상기시켜야 한다. 또한 의식적으로 속도에 변화를 주기도 한다. 목소리에 관해 문제가 있다면, 이에 관계된 강의를 듣거나 책을 통해 공부해야 할 것이다. 믿을 만한 사람들에게(아내가 좋을 것이다) 어떻게 하면 자신의 설교 전달 방법을 향상시킬 수 있는지를 알려 달라고 부탁을 하는 것이 좋다. 그러나 이 모든 것 위에, 강렬한 열정을 가지고 설교를 해야 한다. 설교에 열정이 있을 때에, 설교의 전달이라고 하는 과정은 제 효과를 발휘하게 되는 것이다.

마치는 글

위대한 조각가 구즌 보글럼(Gutzon Borglam)은 대형 현대 조각 중 가장 훌륭한 작품을 진두 지휘했다. 싸우스 다코다 주 블랙힐의 마운트 러쉬모어 국립 공원에 있는 민주주의 전당인 이 작품은 네 명의 미국 대통령의 얼굴을 새겨 놓고 있다. 그는 즐거움에 가득 차서 사람들에게 말하곤 했다: "대통령들의 얼굴은 항상 거기에 있었습니다. 우리는 그저 그 얼굴들을 사람들이 볼 수 있게 해준 것뿐입니다."

이것이 바로 강해설교가 해야 하는 일이다. 성경의 어느 한 부분의 말씀 속에 담겨 있는 진리를 사람들이 볼 수 있도록 해주는 것이다. 당신도 성경의 말씀을 가지고 조각품을 창조해 낼 수 있다. 역동적인 영적 생활과 설교 준비의 역학을 잘 조화시키기 위해 노력하라. 그렇게 하면, 설교할 때마다 말씀 속에 나타나신 주님을 의지하면서 주님의 말씀을 강하게 선포하는 주님의 종이 될 수 있을 것이다.

부록

부록에 실린 내용들은 전 세계적으로 열리고 있는 "성경으로 설교를 조각하기" 세미나에서 자주 나오는 질문들에 대한 답변을 모은 것들이다. 이 책에서 다루고 있는 성경적 설교에 관계된 문제들에 대한 설명, 예증, 추가적인 설명, 기술적인 견해 등을 포함하고 있다.

1. 원어가 설교자들에게 주는 유익들 (제1단계)
2. 설교 본문을 선택히는 법 (제2단계)
3. 문법에 대한 개론적인 설명 (제1, 2단계)
4. 원리화의 과정에 주의할 점들 (제1, 3, 4단계)
5. 이야기체의 본문에 대한 해석학적 분석과 설교학적 적용 (제2, 4, 6단계)
6. 중심 명제를 얻는 고등 과정 (제3, 4, 5단계)
7. 성도들을 이해하기: 문화에 대한 주석 (제4, 6단계)
8. 훌륭한 설교 아웃라인의 요소들 (제6단계)
9. 설교 서론의 예 (제6단계)
10. 설교 서론의 형태들 (제6단계)
11. 설교 평가 질문들 (제7단계)

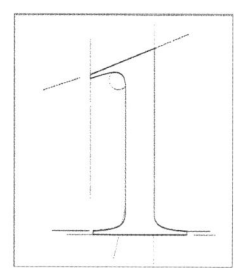

부록
원어가 설교자들에게 주는 유익들

목회자들을 위한 설교 세미나에서 다음과 같은 질문이 자주 나오게 된다: "설교를 잘하기 위해서는 원어를 꼭 알아야 하는가?" "설교를 위해 헬라어와 히브리어를 공부하여 얻게 되는 유익이 무엇인가?"

내가 존경하는 달라스 신학 대학원의 동료 교수 해럴드 호너의 표현을 빌어 설명하기로 한다. 원어를 모르고 그저 자국어로만 성경을 연구하는 것과 원어를 사용해서 성경을 연구하는 것 사이의 차이는 흑백 텔레비전과 컬러 텔레비전의 차이라고 하겠다. 컬러 텔레비전의 화면이 더욱 선명하고 현실감이 난다. 원어를 잘 알면 알 수록 본문의 의미가 더욱 확실해진다. 번역본만을 가지고는 그 정확한 뜻을 발견할 수 없는 경우들이 실제로 종종 있다.

다른 한편으로는, 흑백 텔레비전도 제대로 주파수를 맞춰서 화면을 보여준다. 그것을 보고도 프로그램의 줄거리를 잘 알 수 있다. 컬러 텔레비전은 사실 비싼 것이다. 그러나 컬러 텔레비전을 구입할 능력만 있다면, 돈을 지불한 가치가 충분히 있다고 생각하게 될 것이다. 마찬가지로 공부할 수 있는 모든 기회를 다 활용해야 한다. 그러나 원어를 공부하지 않았다고 해서 설교하기를 중단해서는 안 될 것이다.

하나님께 크게 쓰임받은 설교자들 중에 신학 대학원을 못 나온 분들이 많이 있다. 신학 대학원 교육을 받지 못했다고 기죽을 필요는 전혀 없다. 달라스 신학 대학원의 창설자이며 여러 권의 조직신학 책을 집필한 루이스 스페리 체이퍼 박사는 원어를 몰랐던 분이다. 또한 영어도 성경의 올바른 의미를 전달하기에 충분히 적절한 언어이다. 다른 번역본 성경, 사전들 또 주석들을 참조해서 커다란 오류를 피할 수가 있다. 예를 들자면, 여러 가지 다른 번역들이 함께 있는 영어 성경을 참조하면 같은 본문에 대한 여러 가지 번역을 함께 볼 수 있을 것이다. 특별히 커티스 본(Curtis Vaughn)이 편집한 The New Testament from 26 Translations(Grand Rapids: Zondervan, 1967)을 추천한다. 또한 영어가 모국어가 아닌 경우에는 자국어로 된 성경을 읽을 때 더욱 아름다운 면을 볼 수 있게 될 것이다. 특히 외국인 학자들이 원어로부터 자기 나라 말을 통해 당신 나라 말로 성경을 번역했을 때에는 더욱 더 묘미가 있을 것이다! 이 책에 소개된 방법대로 설교를 준비한다고 하면, 설교 자료가 부족해서 고생하는 일은 없을 것이다. 헬라어와 히브리어를 알고 있는 나의 고급 설교학반의 학생들은 무엇을 설교에 집어넣을까보다는 무엇을 빼야 할까로 더 고심을 한다.

원어를 가지고 설교를 준비하면, 당신의 메시지는 더욱 더 정확하게 될 것이며, 따라서 설교에 더욱 큰 자신감을 갖게 될 것이다. 이는 마치 도시에서 어느 지점을 찾기 위해 아주 상세한 지도를 사용하는 것과 같다. 덜 상세한 지도라도 원하는 곳으로 인도해 줄 수 있겠지만, 상세한 지도가 있으면 발걸음을 한 발짝 한 발짝 떼면서 매순간마다 확신을 가질 수가 있게 되는 것이다.

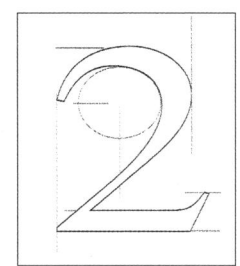

부록
설교의 본문을 선택하는 법

이 책의 서론 부분에서 연속적인 본문을 설교할 때 갖게 되는 장점에 대해 언급했었다. 그러나 때에 따라서는 연속적이거나 발전적인 순서에서 떠나야 할 필요가 있다. 몇 년 전에 나는 부활 주일 설교로 사사기의 삼손 이야기를 들은 적이 있다. 그 목사님이 그 본문을 설교하게 된 이유는 단순히 그 전 주일에 바로 그 앞에 있는 본문을 설교했기 때문이다! 목사님은 성도들의 기대에 미치지 못했을 뿐 아니라, 부활 주일에만 교회에 나오는 사람들을 위해 복음을 증거할 수 있는 좋은 기회를 놓치고 말았던 것이다. 그 사람들은 교회에 꼭 매주일마다 가지 않아도 된다고 하는 자기들의 생각을 더욱 굳게 되었을 것이다.

본문을 택하는 요령을 소개한다.

- 성경의 각 권: 성경에서 한 권의 책을 선정해서 강해설교를 해 나가는 경우가 많이 있다. 계속해서 그 다음에 나오는 본문을 설교해 나가면 된다. 이 때에는 성도들의 필요를 고려하면서 책을 선정해야 한다. 만일 믿는 사람들이 핍박을 받는 곳에서 사역을 시작하게 되었다고 한다면, 베드로전서를 가지고 강해설교를 해 나가는 것이 좋을 것이다.

- 교회력: 교회력에 나오는 중요한 날들을 염두에 두어야 할 것이다. 종려 주일, 수난일, 부활절 또는 성탄절과 같은 절기들은 꼭 염두에

두어야 한다. 또 교회에 따라서는 기아에 허덕이는 사람들을 특별히 생각하며 예배를 드린다든가, 세계 복음화를 위해 특별 예배를 드리는 경우도 있을 것이다. 또 속해 있는 교단에서 지키는 교회력에 따라서 본문을 정해야 하는 경우도 있게 마련이다.

- **국가력**: 미국은 5월의 한 주일을 어버이 주일로 정해 놓았다. 인도에는 어린이날이 있다. 대부분의 나라에는 독립 기념일이 있다. 이와 같이 특별한 날에는 그 날에 맞는 적절한 설교를 하는 것이 좋다. 그러나 국경일마다 꼭 거기에 맞는 설교를 해야 한다는 의무감을 느낄 필요까지는 없다.
- **특별 행사**: 교회내에 특별한 행사가 있는 경우, 예를 들어 성전 봉헌 예배 같은 경우에는 당연히 그 예배에 적절한 설교를 해야 한다.
- **예기치 않은 사건들**: 교회가 속해 있는 도시나 나라에 커다란 재해가 생긴 경우에는 그것에 관련된 설교를 하는 것이 바람직하다. 나는 인도의 수상 인디라 간디가 그녀의 경호원에 의해 암살 당한 바로 그 다음 주일을 기억한다. 뉴 델리에는 지옥과 같은 증오가 가득차 있었다. 모두가 무서움에 떨고 있었다. 온 나라가 슬픔 속에 빠져 있었다. 그 주일날, 오직 용감한 사람들 몇몇만이 예배를 드리기 위해 교회에 나왔다. 그 사람들은 하나님으로부터 말씀을 듣기를 간절히 원했다. 내가 원래 순서에 따라 전하려고 했던 본문 가운데에는 그들이 원하는 말씀이 들어 있지 않았다.

본문을 선택할 때에는 항상 성도들을 염두에 두어야 한다. 그들의 필요가 무엇인가? 이번 주에는, 이번 달에는, 혹 올해에는 하나님께서 그들에게 무슨 말씀을 들려주기 원하시는가? 앞에서 언급한 특별한 경우들을 다 염두에 둔다고 해도 역시 성경의 본문을 가지고 설교를 해야 할 것이다. 제4단계에서 같은 본문을 가지고 두 가지 이상의 설교를 하는 법에 대해 언급했었다. 만일 그것이 불가능하게 될 때에는 특별 주일 설교를 위해 주제별 설교를 생각해 보도록 하라.

부록
문법에 대한 개론적인 설명
(제1, 2단계)

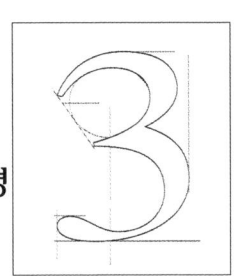

제2단계에서 우리는 찾아내서 평가하고, 우선 순위를 매기고, 구성하기 위해 문법적인 도구들을 사용했었다. 아래에는 영문법의 가장 기초적인 내용을 소개하기 위해 또는 재소개하기 위한 목적을 가지고 적어 본다. 이 내용은 쉽게 이해할 수 있고 또 영어 성경으로 본문을 연구하는데 아주 유용하며, 짧고도 가장 좋다고 여겨지는 프랭크 브라운의 저서 「English Grammar for Language Students」에서 발췌했다.

형용사: 형용사는 명사나 대명사의 의미를 수식하는(묘사, 제한, 또는 부연 설명) 데 사용되는 단어이다.

> 한 아이가 커다란 공을 가지고 갔다.
> (The child carried a **huge** baloon.)

부사: 부사는 동사나 형용사 또는 다른 부사의 의미를 수식하는(묘사, 제한, 또는 부연 설명) 데 사용되는 단어이다.

> 그는 잽싸게 걷는다. 그들은 아주 초조해 보였다. 그들은 아주 빨리 걸어간다.
> (He walks **swiftly**. They seemed **extremely** anxious. He walks **very** swiftly.)

그 의미에 따라 대부분의 부사는 다음의 네 가지 부류 중 하나에 속한다. 예를 함께 적어 놓았다.

    1. 시간: 그 때, 지금, 종종(then, now, frequently)
    2. 장소: 여기에, 저기에, 어딘가에(here, there, somewhere)
    3. 방법: 빨리, 온유하게, 심하게(swiftly, gently, badly)
    4. 정도: 아주, 극도로(very, extremely)

관사: 정관사(the)는 하나 또는 그 이상의 어느 특정한 또는 특별한 것들을 지적하는데 사용된다.

    그 앞자리에 앉아 있는 그 소년(The boy in the front seat)

부정관사(a, an)는 특정하지 않은 객체를 칭하는 데 사용된다.

    어떤 방(a room)
    하나의 코끼리(an elephant)

절: 절은 하나의 주어와 술어로 구성된다. 절은 한 문장의 전체 또는 그 일부가 될 수 있다. 아래의 문장은 두 개의 절들로 구성되어 있다.

  주어   술어
그는 일을 다 마쳤을 때에 노임을 받았다.
(He received his pay when the work was done)

주절(독립절)은 홀로 설 수 있으며, 그 자체로서 의미를 가질 수 있는 절이다.

    "그는 노임을 받았다"는 주절 또는 독립절이다.
    (He received his pay)

종속절은 홀로 설 수 없으며, 주절에 종속되어 그 의미를 갖게 되는 절이다.

"일을 다 마쳤을 때에"는 종속절이다.
(when the work was done)

종속절은 일반적으로 종속 접속사(비록[although], 왜냐하면 [because], 만일 …하다면[if], 등), 부사(…할 때[when], …할 때마다 [whenever], …하는 곳에[where] 등), 또는 관계 대명사(who, whose, what, when, that, which)에 의해 이끌리게 된다.

접속사: 접속사는 단어, 구, 절을 연결시켜 주는 단어이다. 두 가지 종류의 접속사가 있다. 등위 접속사(그리고[and], 그러나[but], 혹은 or, nor] 등)는 같은 무게의 단어, 구, 절을 연결시켜 준다.

아버지와 아들은 잘 생겼다.
(The father and son are handsome.)
그는 가난할지 모르지만, 그러나 아직도 자존심이 강하나.
(He may be poor but he is still proud.)

종속 접속사(비록[although], 왜냐하면[because], 만일[if] 등)는 문장의 나머지 부분에 종속되는 절들을 이끈다.

그는 돈이 없었기 때문에 집에 있었다.
(He stayed home because he had no money.)

직접 목적어: 직접 목적어는 동사의 행동에 의해 직접적인 영향을 받는 사람이나 물건이다.

선수가 공을 패스한다.
(The player passes the ball.)

존은 자기 동생을 때렸다.
(John hit his brother.)

간접 목적어: 간접 목적어는 동사의 행동에 의해 간접적인 영향을 받는 사람이나 물건이다.

그는 자기 손님에게 설탕을 건네준다.
(He passed the sugar to his guest.)
(He passed his guest the sugar.)

설탕은 직접 건네지는 대상이다(직접 목적어).
그의 손님은 직접 목적어를 받는 사람이다(간접 목적어).

명사: 명사는 사람이나 장소나 물건의 이름이다.
대명사: 대명사는 거북한 반복을 피하기 위해 명사 대신 쓰이는 단어이다. 아래의 문장들을 비교해 보라.

톰은 톰이 톰의 돈을 잃어버렸다고 생각했다.
(Tom thought Tom had lost Tom's money.)
톰은 그가 그의 돈을 잃어버렸다고 생각했다.
(Tom thought he had lost his money.)

성: 성은 명사나 대명사의 성에 관계된 모양이나 용례의 변화를 칭한다.

남성: 남자, 주인, 그 사람, 그 사람의(man, host, he, his)
여성: 여자, 여주인, 그 여자, 그 여자의(woman, hostess, she, her)
중성: 책, 그것, 그것의(book, it, its)

동사: 동사는 어떤 존재나 조건의 상태나 행동을 표현하는 것이다. 동사는 그 주어와 인칭과 수에 있어서 일치해야 한다. 그리고 시제에 따라서 그 모양이 바뀐다. 영어의 동사에는 규칙 동사와 불규칙 동

사가 있다.

> 존은 학교에 갔다.
> (John went to school.)
> 아이들이 텔레비전을 보고 있다.
> (The children are watching Television.)
> 손님들이 곧 도착할 것이다.
> (Visitors will arrive soon.)

시제: 동사의 시제는 행동의 시간을 말해 준다. 영어에는 여섯 개의 시제가 있다.

> 현재: 나는 말한다. 나는 말하고 있다. (I talk. I am talking.)
> 과거: 나는 말했다. 나는 말하고 있었다. (I talked. I was talking.)
> 미래: 나는 말할 것이다. 나는 말하고 있을 것이다. (I shall talk. I shall be talking.)
> 현재 완료: 나는 말을 해 왔다. (I have talked.)
> 과거 완료: 나는 말을 해 왔었다. (I had talked.)
> 미래 완료: 나는 말을 하게 될 것이다. (I shall have talked.)

법: 법은 말하는 사람이나 글을 쓰는 사람의 의도를 나타낸다. 영어에는 세 개의 법이 있다.

직설법은 사실을 진술하거나 질문을 하는 데 사용된다.

> 그들은 시골에 산다.
> (They live in the country.)
> 그 사람이 가고 있느냐?
> (Is he going?)

가정법은 긴박성, 가능성, 추측, 공식적 내용, 현실에 상반된 조건 등을 표현한다.

긴박성: 나는 그 여자가 나를 즉시 봐야한다고 요구했다.
(I demanded that she see me immediately.)
공식적 내용: 나는 회의를 폐회하기를 동의합니다.
(I move that the meeting be adjourned.)
현실에 상반된 조건: 내가 만일 당신이라면, 나는 갈텐데.
(If I were you, I would go.)

명령법은 명령이나 부탁을 표현하는 데 사용된다. 영어에서는 2인칭에만 명령법이 사용된다. 그러나 다른 언어에는 더욱 복잡한 명령법도 있다.

설탕 좀 건네주세요!
(Pass the sugar, please!)
얘들아, 이리로 오거라!
(Boys, come here.)
우리를 시험에 들게 하지 마옵소서!
(Lead us not into temptation.)

수: 수는 명사나 대명사나 동사의 경우 그 수가 하나인지(단수) 또는 그 이상인지(복수)를 밝혀 준다. 주어와 동사는 그 수에 있어서 일치해야 한다. 대명사는 그것이 대치하는 명사의 수와 일치해야 한다.

전치사: 전치사는 명사 또는 대명사와 함께 사용되는 기능적인 단어로서 명사 또는 대명사의 문장내에 있는 다른 단어 또는 단어들과의 관계를 보여준다. 영어에는 at, by, for, in, into와 같은 전치사가 약 60개 정도 있다. 전치사구는 전치사와 그 전치사의 목적어로 구성된다.

그는 가게 안으로 들어갔다.
(He walked into the store.)

그는 긴 의자 위에 앉아서 기다렸다.
(They sat on the bench and waited.)

한 개의 전치사가 두 개 이상의 목적어를 가질 수도 있다.

그들은 언덕과 골짜기를 넘어 여행을 했다.
(They traveled over hill and dale.)

부록
원리화의 과정에 주의할 점들
(제1, 3, 4단계)

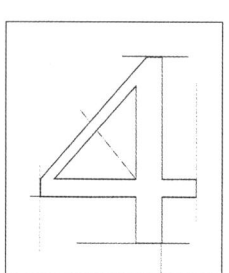

　원리화의 과정은 본문을 취해서 그것으로부터 보편적인 원리를 추출해 내고 그것을 현대적인 생활의 현장 속에 적용한다는 설교학의 이론이다. 예를 들어서, 창세기 1장의 말씀을 통해 "우리 하나님은 풍성하신 하나님"이라는 설교를 들었다고 하자. 하나님께서 많은 별들, 동물들, 고기들, 새들과 같은 것들을 지으신 사실을 통해 본문이 그 주제에 대해 말씀하고 있다고 생각할 수 있을 것이다. 신학적인 원리는 사실이다. 그러나 과연 이 본문이 이 주제에 대해 말씀하고 있는지는 더 깊이 생각을 해봐야 한다.

　원리화의 과정은 본문 속에 나타난 "진리"를 다시 제시해 주는 방법으로 많이 사용되고 있다. 설교를 준비하는 사람들에게 이 원리화의 과정에 대한 몇 가지 경고를 할 필요를 느낀다.

　신학적인 원리가 본문의 상세한 내용들로부터 추출되어서는 안 된다고 말할 수 없다. 그러나 본문과 관계 없는 신학적인 진리를 설명하기 위해 그 본문을 단순한 하나의 예화 정도로 사용해서는 안 될 것이다.[1] 이 책에서 제시된 설교 준비의 과정을 통해 일부 설교학자들이 주장하는 잘못된 "원리화"를 방지하기를 원한다. 나는 이 책을 통해 성경적 권위와 문맥적인 관련성을 제공하는, 즉 설교학적 전략으로서의 원리화에 대한 이유를 제시하려는 시도를 했다(이야기체, 전기체, 그리고 역사적인 본문의 설교학적인 적용에 대해서는 다음 부록을 참조하라).

"설교학적 도구로서의 원리화"가 갖게 되는 난점들을 밝혀 보도록 한다. 아래의 사항들은 그레이다너스(S. Greidanus)의 아주 전문적인 책 「오직 성경만으로」(Sola Scriptura)에서 지적된 내용들이기도 하다. 이 원리화에 사용되는 전략들은 이야기체, 전기체, 그리고 역사적인 사건의 본문을 설교할 때에 특별히 문제가 된다.

원리화는 구속사를 단순한 도덕적 수준으로 축약시킬 수가 있다. 구속사의 전개, 또는 특별 계시의 점진적 확장에 나타나는 사건이 일반 역사에 나오는 유명 인물이나 사건과 동일한 수준으로 전락되며 이해되고 만다. 간디, 마틴 루터 킹, 교회사, 플라톤, 또는 문화적인 비유 등을 가지고도 이런 식의 도덕적인 설교는 할 수 있을 것이다.

어네스트 베스트(Ernest Best)는 「성경본문에서 설교로: 설교를 위한 신약성경의 올바른 사용」(From Text to Sermon: Responsible Use of the New Testament)에서 다음과 같이 말한다: 성경 밖에 있는 글을 알레고리칼하게 해석함으로 아주 똑같은 결과를 얻어 내는 것이 가능하다"(61쪽). 그는 이솝 우화 중 여우와 까마귀의 이야기를 예로 들어 설명을 한다. 고기 조각은 하나님의 말씀이고, 여우는 사탄이며, 까마귀는 그리스도인이다. 이 우화로부터 추출해 낼 수 있는 보편적인 원리는 아마도 다음과 같을 것이다: "그리스도인이 자신에 대해 지나치게 높은 평가를 내리게 될 때, 그 사람은 하나님의 말씀을 놓치게 되고 말 것이다." 이러한 원리는 설교하기에 아주 훌륭하며 신학적으로도 문제가 전혀 없는 원리이다.

그레이다너스는 이렇게 경고한다: "설교자가 역사적인 기록을 본문으로 택했을 때에는 그 본문 본래의 성격을 고려해서 이해해야지, 그저 하나의 예화로 여기며 접근해서는 안 될 것이다"(58쪽, Holwerda의 88쪽을 인용). 역사적인 기록은 역사적 사실인만큼, 비유로 다루어서는 안

되며 역사로 다루어야 한다. "누구든지 하나님께서 역사적인 사실을 기록으로 남기시고 그 기록이 하나의 예시적인 가르침으로만 이해되기를 바라신다고 생각한다면, 그 사람은 비유와 역사적인 사실과의 차이를 모르는 사람일 것이다"(그레이다너스, 61쪽).

원리화는 특정한 이야기체의 기록과 사건들―실제의 인물들―의 중요성과 독특성을 놓치게 된다. 어떤 역사적인 기록이 어떠한 "진리"를 구체적으로 예시해 주거나 묘사해 주기 위한 목적으로 기록되었다면, 그러한 기록에 나오는 실제의 인물들의 중요성은 사라지게 된다. 왜냐하면, 예회는 비유니 알레고리를 통헤서도 얼미든지 기능허기 때문이다"(그레이다너스, 61쪽, Holwerda의 I, 21쪽에서 인용). 역사는 본문이 가르쳐 주고 있는 신학적인 개념에 비해 단순히 부차적인 것으로 전락되는 결과가 오게 된다. 이러한 견해는 결국 성경을 하나의 예화적인 사건들의 모음으로 축소시켜 버리고 만다.

그러나 우리는 신학적인 진리는 주어진 역사적인 사건 속에서 특별한 모양으로 소개된다고 본다. 사건의 역사성이 부인되고 나면, 그 사건 속에 깔려 있는 신학적인 진리는 실제로는 없거나 아니면 진리가 아닐 수밖에 없다.

원리화는 각기 본문들의 특이성을 무시한다면 단조로움을 초래하게 된다. 홀워다(Holwerda)는 "분석적으로만 해석을 하게 되면, 예를 들어 마태복음 11:1-6(세례 요한의 의심)과 요한복음 20:24-29(도마의 의심)의 본문을 가지고 '예수님께서는 의심에서 건져주신다'라는 같은 설교를 하게 된다"고 지적한다. 이러한 단조로움은 주로 설교자의 창의성으로 극복할 수 있다. 나는 종종 "원리화"의 방법을 따르는 설교자의 설교를 듣게 된다. 그러한 설교자는 아주 뛰어난 상상력과 창의성의 소유자이며, 뛰어난 의사 전달자이다. 그러나 같은 원리가 다른 수많은 본문들에서도 발견이 된다. 이러한 설교는 각 본문들이 예시하거나 보여주고 있는 대표적인 원리들을 전제로 하고 있다.

그러나 나는 이 방법을 버리고 각 본문이 구속사적 흐름 속에 가지고 있는 독특한 신학적 진리로 눈을 돌릴 것을 제안한다. 설교자는 중심 명제를 발견하여 그것을 성도들의 감각에 맞도록 전달해 주어야 하기 때문에 그 책임이 크고 중요한 것이다.

원리화는 설교가 설교자의 신학적 능력과 설교자의 경험에 의해 제약받게 만든다. 설교자는 자신의 신학적인 교육이나 개인적인 경험들에 의해 신학적인 진리들을 보게 마련이다. 물론 신학적인 교육과 개인적인 경험이 설교자의 성경에 대한 통찰력을 깊게 해주지만, 설교자의 가장 중요한 임무는 먼저 성경 본문이 무엇을 말하고 있는가를 발견해 내는 것이다.

원리화는 설교자로 하여금 성경이 쓰여질 당시 원래의 독자와 설교자의 성도들 사이에 있을 수 있는 유사점을 찾는 데 주력하면서 본문의 연구를 시작하게 만든다. 한편으로 우리는 처음부터 성도들을 염두에 두고 설교 준비를 시작한다. 그러나 설교자가 하나님의 권위 있는 말씀을 전하기 위하다면, 그것이 가장 주된 초점이 되어서는 안 될 것이다. 원리화는 성경이 쓰여질 당시 원래의 독자와 설교자의 성도들 사이에 있을 수 있는 유사점을 찾는데 주력하기 때문에 본문의 독특성을 제대로 살리기가 거의 불가능하게 되고 만다.

원리화는 기본적으로 어떻게 하면 영적인 것을 현실의 삶에 적용할 것인가에 주력한다. 나는 이런 식의 설교를 어느 곳에서든지 접하게 된다. 어떤 이들은 이것을 현실에 부응하는 설교라고 한다. 이런 설교를 하는 분들이 현실에 부응하고 있다는 사실은 나도 인정한다. 그러나 그들의 설교가 성경적으로 뒷받침되고 있는지에 대해서는 크게 의심스러우며, 바로 이 점을 나는 지적하려고 한다. 설교는 성경 본문에 충실해야 하며 또한 현실 생활을 염두에 두어야 한다. 그러나 본문의 중심 명제를 떠나서는 현실에 적용되는 내용이 나올 수도 없으며, 나와서도 안 될것이다. 갈라디아서 3장 6-14절의 본문을 가지고 다음과 같이 설교하는 것을 들은 적이 있다: "하나님 아버지께서는 신실하십니다. 그러므로 남자들은 신실한 아버지들이 되어야 합니다." 이러한 경우에서는 설교에서 성도가 가장 중요한 요소가 되어 버린다. 그러나 가장 중요한 관심사는 그 무엇도 아닌 바로 본문의 의미임을 잊어서 안 될 것이다.

원리화는 성경이 쓰여질 당시 원래의 독자와 설교자의 성도 사이에 있는 단절성을 무시하기 때문에 해석의 과정에 큰 차질을 가져오게 된다. 과거와 현재 사이에 단순한 등식 관계가 설정됨으로 해서 성경이 쓰여질 당시와 지금의 상황 사에에 등식이 성립되게 된다(베스트, 70쪽). 베스트는 이것을 "직접적 전환"이라고 부르며 이 방법에 대한 건전한 비평을 가하고 있다(57쪽 이하).

원리화는 성도들에게 보여주고 싶은 내용을 설교자가 원하는 대로 고를 수 있도록 해준다. 성경이 쓰여질 당시 원래의 독자와 설교자의 성도 사이에 있는 차이를 전혀 고려치 않는다. 예를 들면, 현재에 일어나는 회심의 사건들이 사울의 회심과 꼭 같아야 하는가? 가난한 사람들에게 모든 것을 다 주님께 바쳐야 한다고 권해야 할 것인가? 아마도 "보편적인 진리"는 "하나님께서는 고집 센 마음을 녹이신다(사울의 회심과 같이); 그러나 하나님께서 녹이지 않는 고집 센 마음들도 많이 있다"가 될 것이다.

불행하게도, 원리화의 과정 속에 설교자들은 현재의 성도들에게 관련이 있는 특정한 부분만을 골라서 사용하는 것이 문제이다. 그 결과 본문의 많은 내용들이 설교 중에 전혀 사용되지 않거나 거의 사용되지 않게 되고 만다. 원리화는 설교자를(그리고 성도들을) 본문보다 더 중시하게 만든다. 원리화는 성경을 지나간 옛날의 정보들을 간직하고 있으며 모든 종류의 진리들을 포함하고 있는 수동적인 객체로 만든다. 그 결과 나와 설교자, 또는 적극적으로 성경을 아는 사람이, 성경에 포함된 원리를 발췌하여 나와 설교자, 또는 적극적으로 성경을 아는 사람이 성경에 포함된 원리를 실생활에 적용할 만한 것으로 만들어야 한다고 생각하게 된다 (그레이다너스, 93쪽).

원리화는 본문이 허락하지 않는 심리적 주석을 하게 만든다. 원리화가 본문을 현실에 더욱 적용하기 쉽게 만드는 것은 사실이다. 그러나 문제는 그렇게 심리적인 접근이 본문에 대한 바른 해석에 근거했는가이다. 과연 역사적인 기록을 담고 있는 본문이, 언급되고 있는 인물들의 심리적인 묘사를 통해 우리에게 소개해 주고 있는가를 물어 봐야 한다. 만일 여기에 대한 답이 부정적이라면, 나도(또는 원리화도) 인물들을 심리적으로 해석해서는 안 될 것이다.

원리화는 본문을 영해한다. 야곱의 신체적인 싸움이 우리의 영적인 싸움으로 바뀌었다. 마태복음 9장의 신체적인 소경이 영적 소경으로 바뀌었다. 설교상의 원리들이 신학적으로는 하자가 없을 수 있다. 그러나 문제는 그러한 영해가 과연 본문에 대한 바른 해석인가이다. 이는 실상 알레고리칼한 해석과 설교가 되고 만다. 결국 역사적인 사실은 다른 데서 찾아볼 수 있는 도덕적인 원리를 설명하는 데 필요한 예화 정도로 전락해 버리고 만다. 그리고 그러한 원리가 다른 본문에 있다고 한다면, 바로 그 본문을 사용해서 그 원리를 전하지 않을 이유는 무엇인가? 자신에게 물어 보도록 하라: 이 본문은 그 자체의 메시지를 갖고 있지 않은가?

원리화는 믿음을 행동적인 도덕적 교훈으로 축소시켜 버린다. 이 말은 곧 적용이 잘되고 있다는 말과 통할 수 있다. 모든 본문은 행동의 변화를 촉구하는 적용을 가지고 있다고 하는 전제는 본문이 요구하지 않는 도덕적 측면에 치중하는 결과를 가져오게 된다. 또한 다음과 같은 질문을 가지고 본문을 접근하게 된다(다른 질문들도 있겠지만): 어떠한 행동을 요구하고 있는가? 그러나 이 질문에 답을 하는 것이 본문의 의도가 아니라고 가정을 해보자. 역사적인 기록의 경우에는 이것이 사실인 경우가 대부분이다. 그럼에도 불구하고 위의 질문을 던지면서 본문에 접근한다면, 본문에 나타난 인물의 행동으로부터 뭔가의 행동이 교훈으로 던져져야 할 것이다(그레이다너스, 80쪽).

부록
이야기체의 본문에 대한
해석학적 분석과 설교학적 적용
(제2, 4, 6단계)

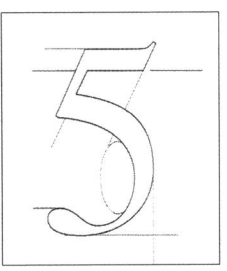

전기나, 역사적인 기록 또는 기적 사건에 대한 기록 등의 이야기체가 성경의 큰 부분을 차지하고 있다. 이러한 본문을 설교할 때에 설교자는 해석의 신중함과 정화된 상상력을 사용해야 한다. 이야기체를 설교하는 데 필요한 기본적인 원칙을 고어셰이드(Gorsheide)가 말해 주고 있다: "먼저 본문을 전체의 한 부분으로 본 후에, 본문을 그 자체만을 가지고 보아야 한다." 그레이다너스(S. Greidanus, Sola Scripture, 60쪽); 로버트 앨터(Robert Alter, The Art of Biblical Narrative, New York: Basic Books, 1981)를 참조하라. 앨터의 견해는 아래의 몇 군데에 포함되어 있다).

이야기체의 본문에 대한 해석학적 분석

이야기체의 본문을 설교함에 있어서 다음과 같은 해석학적 분석들이 필요하다.

- **구문론적 분석**: 본문내에서 벌어지고 있는 움직임에 대한 문법적인 또한 구문론적인 열쇠들이 무엇인가 분석해야 한다.

- 사건 진행에 대한 분석: 주제, 장소, 사람들의 변화 등은 본문을 분석하는 과정 속에 고려해야 하는 사건 진행의 변화가 있음을 시사한다.
- 수사학적 분석: 반복, "포괄"(어느 부분이 하나의 단위를 이루고 있음을 보여주기 위해, 같은 단어로 시작하고 같은 단어로 끝을 맺는 본문 중의 한 부분), 그리고 대칭 등을 연구해야 한다.
- 동사/단어의 연구: 반복되는 단어가 있을 때에는 주목을 해야 한다. 제6단계에서 보여주었던 마태복음 18장에 대한 나의 예를 참조해 보라: 자유로서의 용서. 앨터(Alter)는 "반복은 성경에서 자주 사용되고 있다. 그러나 이해가 쉬운 것만은 아니다. 언제 문학적인 반복이 사용되며, 반복되어 나오는 동사적 표현의 다른 형태들이 갖고 있는 의미는 무엇인가?"라고 말했다(앨터, 21쪽).
- 비교적 분석: 본문의 한 부분이 "이야기체의 유추"를 통해 본문의 다른 부분에 대한 간접적인 주석을 제공하기도 한다(앨터, 21쪽). 예를 들면 남을 속였던 야곱이 자기 아들에 의해 속임을 당한다. 간음과 살인의 죄를 저지른 다윗은 강간과 살인의 죄를 저지른 자식을 꾸짖지 못하게 된다. 성경의 기자들은 풍부한 이야기체의 기술들을 사용한 격조 높은 작가들이다.
- 의도 분석: 저자의 의도적인 선택. 본문의 저자 또는 편집자의 의도에 대해 많은 신경을 써야 한다. 그는 어떤 목적을 가지고 의도적이며 동시에 하나의 몽타주를 그리고 있는 것이다. 성경의 저자들은 나름대로의 히브리적인 선택의 논리를 가지고 있다. 그들은 아주 고도의 수준에서 성경을 기록한 사람들이다.

쯔베탄 토로도프(Tzvetan Todorov, The Poetics of Prose, 53-65쪽)는 아래와 같이 제안했다: "현대의 학자들은 성경 본문의 어떤 부분은 다른 부분과 같이 성경에 속하지 않는다고 아주 확신을 가지고 선언해 버린다. 문학적 일치의 법칙, 비상충의 법칙, 비탈선의 법칙, 비반복의 법칙 등과 같은 법칙을 가지고 성경의 원시적인 본문들을 검증한다.

그리고는 그들은 충분히 일반적이라고 주장하지만, 실제로는 이러한 불확실한 법칙들을 토대로 성경의 고대 본문들을 짜깁기한 것으로, 적절하지 못한 것이거나 일관성이 없는 것으로 판단을 내려 버린다(만일 이러한 법칙들을 가지고 Ulysses, The Sound and the Fury, Tristram Shandy 또는, Jealousy 등의 작품을 분석한다면, 이 모든 작품들도 누군가 후세의 편집자에 의해 조작된 것이기에 쓰레기통에 처박아야 마땅하다는 결론에 이르게 될 것이다). 이야기체의 고대 문서가 가지고 있는 자체의 기능에 대한 철저한 인식은 위에서 주장되었던 법칙들이 얼마나 무기력한 것인가를 확실하게 증거해 주고 있다"(앨터에 의해 인용, 21쪽).

문제는 문학적 그리고 스타일상의 통일성에 대해 우리 자신들이 세운 법칙을 가지고, 저자가 흐름의 방향을 바꿀 수 있는 가능성, 또는 무엇을 반복해서 기록할 수 있는 가능성의 여부를 우리들이 결정하려는 데에 있는 것이다.

저자의 의도 또는 목적. 의도 또는 목적은 동기, 관계, 전개되는 주제 등을 결정한다. 예를 들면, 마태는 마태복음을 읽는 독자들이 예수님을 이스라엘의 왕으로 이해하기를 의도하며 복음서를 썼다. 또한 마가복음을 읽는 로마 사람들에게 십자가형이 주었을 충격에 대해 깊이 생각해 보라.

저자가 염두에 두고 있는 통일성. 이야기체의 본문을 해석함에 있어 가장 어려운 점들 중 하나는 조각내기이다. 어느 특정한 본문의 사건의 한 부분과 더 큰 문맥이 보여주는 그림 사이에 지속적으로 놓여 있는 상관관계를 계속해서 추구해 나가야 한다. 만일 이야기체의 본문 중간에 어떤(논리적, 시간적 또는 심리적) 공백이 있다면, 그것은 저자/편집자의 "문학적인 기교"의 일부이다. 여기에 현대의 문학적 기준을 적용해서는 안 될 것이다(앨터, 18쪽).

- **신학적 분석.** 역사 속에서 하나님의 목적이 연출되고 있다. 이야기

체의 본문은 "역사적인 사건 속에 하나님의 목적이 이루어지는 것을 계시해 준다"(앨터, 33쪽). 특정한 책, 그 책이 속하는 부분, 신약 혹은 구약, 그리고 정경 전체의 스토리가 무엇인가? 모든 것이 다 오늘날 설교되어질 수 있는 것은 아니다: 사무엘이 아각을 조각내는 사건, 삼손이 자살하는 사건, 예레미야가 배반을 설교하는 것 등. 이러한 사건들은 당대의 하나님의 경륜에서 의로운 행위로 요구되어졌던 사건들이다.

- 인류학적 분석: 사람의 본성은 "의도와 무질서, 그리고 섭리와 자유라는 강력한 이중적인 논법 사이에 처해 있다"(앨디, 33쪽). 예를 들어, 베드로의 부인을 생각해 보라. 사건들에 등장하는 인물 개개인의 독특한 반응들을 반드시 고려해야 한다.

성경의 이야기체 본문들이 서 있는 네 개의 축이 있다.

- 역사적/상황적: 공간적/시간적 사건들
- 신학적: 공간적/시간적 사건들 속에 나타난 하나님의 역사하심
- 도덕적/윤리적: 주어진 상황 가운데 어떤 일들을 해야 하며, 해서는 안 되는가?
- 영적/심리적: 진리는 진리를 듣는 사람들의 완전한 이해와 순종을 요구한다.

이야기체 본문에 대한 설교학적 적용

서신이 아닌 본문으로부터 설교를 구성하는 과정에 대한 고차원적인 이해를 위해서는 다음 부록을 참조하기 바란다.

- 해석학적인 분석을 통해 얻어진 중심 명제를 적용하라. 본문의 사소한 내용 하나 하나를 모두 적용하려고 하다 보면 해석학적 오류를 범하게 된다. 이것을 방지할 수 있는 유일한 방법은 본문에 충실한 중심 명제를 찾아내는 것이다.

- 설교의 자료를 위한 네 개의 분석적인 축을 연구하라: 강조하고 예를 들어 설명해야 될 요지들.

- 해석을 위해서가 아니라 적용을 위해서 상황적/실존적으로 유사한 상황을 창조해 내라. 바울이 회심한 후 바나바가 바울을 만나러 가라고 하는 청을 받았던 사실은 아주 고약한 당신의 상사가 예수님을 영접했다는 소식을 듣고 처음 그를 만나러 가는 상황에 적용할 수 있을 것이다.

- 설교의 대지보다 더 많은 수의 적용을 해서는 안 된다. 물론, 본문의 어느 부분에 대해 상세한 설명과 예화를 들 수 있다. 그러나 본문에 대해 상세하게 설명되는 모든 내용에 대한 적용을 할 필요는 없다는 것이다.

교회 역사 가운데 유명한 사마리아인의 비유에 대한 해석과 적용에 대해 들어 본 적이 있을 것이다: 한 사람이 예루살렘에서 여리고로 가고 있었다. 예루살렘은 선한 도시이며, 여리고는 악한 도시이다. 한 도시에서 다른 도시로 옮겨 가는 것은 항상 악한 것이다.

마지막 단계를 설명하는 중에, "하나님께서는 약속을 지키시는 신실하신 하나님이시다"(갈 3:6-14)에서 시작하여 "그러기에 우리도 약속을 지키는 신실한 아버지들이 되어야 한다"로까지 발전해 간 설교자의 예를 들었었다. 이러한 식의 설교는 아버지의 역할에 대한 주제별 설교는 될지 몰라도 성경 본문에 대해 올바른 강해는 아니다. 왜? 본문의 중심 명제는 인간 아버지에 대해 아무것도 시사하고 있지 않기 때문이다.

설교학적으로 본문에 충실한 진리가 아닐 때에는, 성경적으로 뒷받침되는 진리라고 모두가 다 설교학적으로 설교할 만한 진리는 아닌 것이다.

두 가지의 예

이야기체로 되어 있는 같은 본문을 가지고 원리화에 의한 설교와 해석학적/설교학적 정확성에 근거한 두 가지 설교의 예를 들어 본다. 나는 원리화에 의한 설교를 하는 죄를 지은 적이 있다(그렇게 할 때에 더 설교가 잘 되기 때문이었다). 그러나 해석학적/설교학적 정확성에 근거한 설교를 하려고 노력한다.

원리화에 근거한 설교의 예

믿음의 낚시법과 그 진리
누가복음 5장 1-11절

I. 예수님의 사역: 예수님께서 허다한 무리의 사람들에게 설교하시다 (1-3절)
   A. 예수님께서 호숫가에서 허다한 무리에 의해 둘러싸이시다(1절)
   B. 예수님께서 배에서 허다한 무리에게 설교하시다(2-3절)

II. 예수님의 기적: 예수님께서 기적적으로 많은 고기를 잡으시다(4-10절 상)
   A. 예수님께서 베드로에게 그물을 던지라고 명하시다(4절)
      적용: 믿음의 낚시법 1: "고기가 있는 곳에서 낚시를 하라"

B. 시몬이 예수님의 명령에 순종하다(5절)

　　적용: 믿음의 낚시법 2: "보이는 것이 아니라 믿음에 근거하여 낚시를 하라"

　C. 예수님께서 기적적으로 고기를 잡으시다((6절)

　　적용: 믿음의 낚시법 3: "낚시는 힘 가지고 억지로 하는 것이 아니다"

　D. 시몬은 잡은 고기를 건져 올리기 위해 도움을 청하다(7절)

　　적용: 믿음의 낚시법 4: 가능하다면 항상 다른 사람과 함께 낚시를 하라"

　E. 제자들은 놀라서 그리스도께 예배를 드리다(8-10절 상)

　　적용: 믿음의 낚시법 5: 믿음의 낚시는 반드시 그리스도를 예배하는 것으로 종결지어져야 한다

Ⅲ. 예수님께서 주시는 사명: 예수님께서는 시몬에게 고기가 아니라 사람을 낚는 사명을 주시다(10절 하-11절)

　A. 믿음을 따라 순종해야 할 진리 1: 예수님께서는 새로운 삶을 제시하신다("이제 후로는")

　B. 믿음을 따라 순종해야 할 진리 2: 예수님께서는 삶의 변화를 약속하신다("내가 … 취하게 하리라")

　C. 믿음을 따라 순종해야 할 진리 3: 예수님께서는 사람을 낚는 평생의 일을 시작하신다("되게")

　D. 믿음을 따라 순종해야 할 진리 4: 예수님께서는 사람을 낚는 일이 평생 최고의 우선 순위를 차지할 것을 기대하신다(11절)

　E. 믿음을 따라 순종해야 할 진리 5: 예수님께서 주시는 사명의 목적은 생명을 구하는 것이다(고기를 낚는 것과 사람을 낚는 것의 차이점)

해석학적/설교학적 정확성에 근거한 설교의 예

사람을 낚는 낚시꾼들
누가복음 5장 1-11절

I. 예수님의 사역: 예수님께서 허다한 무리에게 설교하시다(1-3절)
   A. 예수님께서 호숫가에서 허다한 무리에 의해 둘러싸이시다(1절)
   B. 예수님께서 배에서 허다한 무리에게 설교하시다(2-3절)

II. 예수님의 기적: 예수님께서 기적적으로 많은 고기를 잡으시다(4-10절 상)
   A. 예수님께서 베드로에게 그물을 던지라고 명하시다(4절)
   B. 시몬이 예수님의 명령에 순종하다(5절)
   C. 예수님께서 기적적으로 고기를 잡으시다(6절)
   D. 시몬은 잡은 고기를 건져 올리기 위해 도움을 청하다(7절)
   E. 제자들은 놀라서 그리스도께 예배를 드리다(8-10절 상)

III. 예수님께서 주시는 사명: 예수님께서는 시몬에게 고기가 아니라 사람을 낚는 사명을 주시다(10절 하-11절)
   A. 삶을 변화시키는 약속: 예수님께서는 삶의 변화를 약속하신다("내가 너를…만들리라")
   B. 삶의 스타일에 대한 명제: 예수님께서는 그 분을 따르는 삶이 즉시로 시작되기를 염두에 두고 계신다("이제 후로는")
   C. 평생의 과정: 예수님께서는 평생에 걸쳐서 사람을 낚는 과정을 발전시키신다("되리라")
   D. 평생의 우선 순위: 예수님께서는 사람을 낚는 일이 평생 최고의 우선 순위가 되기를 기대하신다(11절—"저희가 모든 것을 버려 두고 예수를 좇으니라")

원리화에 근거한 설교도 정확성에 근거한 설교만큼, 아니 그 이상으로 설교할 만한데, 나는 왜 원리화에 근거한 설교보다는 정확성에 근거한 설교를 택하는가? 이 본문의 경우, 두 가지의 이유가 있다.
　첫번째 이유는 본문이 이야기체로 되어 있다는 사실 때문이다. 이야기체로 되어 있는 본문의(해석학적 분석에서 알 수 있게 되는) 절정은 10절 하반절과 11절에 놓이게 된다. 설교에 있어서도 본문의 절정을 놓쳐서는 안 된다.

　두 번째 이유는 본문이 묘사하는 바가 무엇이며, 본문이 지시하는 바가 무엇인가를 정확하게 생각해 봐야 하기 때문이다. 묘사와 지시 사이의 차이는 아주 중요하다. 주석적인 특별한 근거가 없는 한, 묘사된 부분으로부터 원리나 진리를 끌어낼 수는 없는 것이다. 설교를 작성함에 있어 원리를 도출해 낼 때에는 과연 그 원리가 본문의 주석적인 해석에 근거한 것인가를 반드시 확인해야 한다. 그렇게 되지 않는다면, 당신은 성경을 다른 고전적인 문학 작품들에 견줄 수 있는 정도의 도덕적 교훈을 주는 오래된 책 정도로 전락시키는 결과를 가져오게 되고 만다.

　기본적으로, 각 본문은 특정한 명제(명제와 같은 의미로 사용한다면 원리라는 표현도 괜찮다)를 가지고 있다. 이야기체의 본문은 단순히 예화가 아니라 신학적 진리를 담고 있는 실제적인 본체이다. 모든 본문이 그 모든 원리들을 끌어낼 수 있는 특정한 원초적인 진리의 창고라는 사실은 존재하지 않는다.

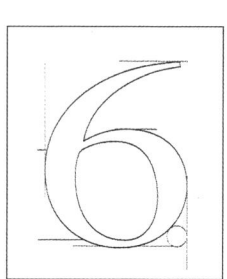

부록
중심 명제를 얻는 고등
(제3, 4, 5단계)

설교를 위해 본문과 설교의 중심 명제를 노출하는 보다 좋은 방법을 소개한다. 여기서 사용하는 방법은 목적의 다리(제4단계)를 가지고 본문 쪽(제1-3단계)과 설교 쪽(제5-7단계)을 연결시키는 방법이다. 앞에서 다룬 7단계의 과정을 사용하여 본문에 충실하며 실생활에 도움이 되는 설교를 작성할 수 있을 것이다. 그러나 다음에 소개되는 방법들을 추가로 사용하면, 특별히 서신이 아닌 본문을 설교할 때에 많은 도움을 얻을 수 있을 것이다.

이 과정에서는 본문의 중심 명제(제3단계)와 설교의 중심 명제(제5단계)가 각기 두 단계로 나뉘게 된다. 이렇게 할 때 본문에 더욱 충실하며, 현실감을 살리는 면과 적용을 위해 도움이 될 것이다.

I. 본문의 중심 명제

A. **본문의 중심 명제(CPT)**: 이미 아는 바와 같이 본문의 중심 명제(제3단계)는 본문의 구조(제2단계)로부터 도출된다. 본문의 중심 명제는 주석적 명제라고 부를 수도 있다. 이는 본문의 중심 명제는 주석을 통해 얻어지기 때문이다.

서신이 아닌 본문의 경우, 추가적인 과정이 필요하다. 전기, 역사, 예언, 시가서 등과 같이 서신체가 아닌 본문의 경우에는 특이한 문학적인 특성을 지니게 된다. 이러한 글들은 신학적으로나 역사적으로 쓰여지게 된 특정한 "경위"가 있다. 모든 성경은 기록 "경위"를 가지고 있지만, 서신이 아닌 본문들은 역사적으로 또한 신학적으로 우리와 거리를 두고 있게 된다. 따라서 본문의 중심 명제는 저자가 염두에 두고 있는 그 경위에 의해 더욱 많은 영향을 받게 된다. 신약의 서신들도 역시 우리와 역사적으로 문화적으로 거리를 갖고 있다. 그러나 우리는 신학적인 정체성을 초대 교회로부터 직접 물려받고 있다. 구약과 복음서 중 어떤 전기, 역사, 예언 그리고 시가서는(오순절 이전의) 독특한 인물들, 사건들, 그리고 경험들과 관련을 맺고 있기 때문에, 해석과 그 내포하는 의미를 통해 본문의 신학적인(아직은 설교적 차원이 아닌!) 측면에서 연구되어야 한다.

여기에 추가적인 과정이 있다. 목적의 다리로(제4단계) 가기 전에 본문 쪽에서 강해적 명제(Expositional Proposition: EPT)를 거쳐야 한다.

B. 강해적 중심 명제 (EPT): 강해적 중심 명제는 본문이 가지고 있는 폭넓은 시야를 모두 포함하는 신학적인 흐름을 고려하는 명제이다. 강해적 중심 명제를 찾아내는 과정은 하나님께서는 성경이 쓰여질 당시의 독자들뿐이 아니라 그 후의 독자들까지도 염두에 두시고 성경을 기록하셨다는 전제하에 이루어지게 된다(벧전 1:12; 딤후 3:16; 롬 15:4; 고전 10:11).

강해적 중심 명제는 두 개의 중요한 열쇠가 되는 질문에 답을 해야 한다.

첫번째 열쇠가 되는 질문은 "하나님께서는 원래 성경의 독자들에게 하신 말씀의 중심 명제를 통해 그 후의 독자들에게는 무슨 말씀을 하고 계시는가?"이다. 이 질문에 답을 하기 위해서는 성경의 저자가 후대의 독자들을 위해 신학적인 연결에 사용하는 수사학적인 전략과 그의 목적이 무엇인가를 고려해 봐야 한다. 이것을 알아내기 위해서는, 먼저 성경 속에 깔려 있는, 시대가 바뀌어도 변하지 않는 요소들을 살펴봐야 한다.
성경의 이야기체의 본문들과 관련된 네 개의 축에 대해 생각해 보면서 (부록 5. 이야기체의 본문에 대한 해석학적 분석과 설교학적 적용 참조) 다음과 같은 모티브들을 살펴보라.

1. 하나님, 사람, 죄, 악, 구원, 도덕, 사탄, 미래 등의 본질을 반영해 주는 모티브들. 이러한 것들은 구속 역사 속에 전혀 바뀌지 않는 것들이다.
2. 예를 들면 결혼과 같이 창조되어진 질서를 나타내 주는 모티브들. 이러한 것들은 하나님께서 그 무엇보다도 선호하시는 것들이다.
3. 예를 들면 동성애의 문제와 같이 시간과 문화를 초월하는 모티브들. 이러한 것들은 지역, 문화, 시대 등에 의해 제한을 받는 것이 아니다.
4. 구약성경에 나타나는 개인으로서의 이스라엘 백성, 나라로서의 이스라엘, 이스라엘 백성이 아닌 개인 또는 나라, 그리고 신약성경에 나타나는 개개인의 성도, 지역 교회, 우주적인 교회 또는 믿지 않는 나라 등에 대한 하나님의 기대하시는 바와 같이 개인적인 또는 공동체적인 영성을 반영해 주는 모티브들.
5. 단어나 사건들을 통해 반복해서 나타나는 모티브들. 예를 들면 "하나님께서는 교만한 자를 대적하신다"(벧전 5:5; 약 4:6; 잠 16:16)와 같은 모티브는 바벨탑 사건(창세기 11:1-9); 바벨론 왕에 대한 경고의 말씀(사 14:4-23); 베드로의 부인(막 14:27-72)과 같은 것들이다.

어떤 명제들은 처음 독자들에게 적용되었던 것처럼 새로운 독자들에게 똑같이 적용될 수는 없다는 사실을 기억하라. 특별히 구약에 있는 본문들의 경우는 더욱 그러하다. 많은 본문들은 하나님께서 다스리시는 이스라엘, 율법 그리고 구약의 언약들과 관련을 맺고 있다. 시편 2:8의 경우, 기름 부음을 받은 아들은 나라들을 유업으로 요구할 수 있게 되어 있다. 그러나 강해적 중심 명제가 오늘날의 성도들에게 나라들을 유업으로 달라는 요구를 하게 만들지는 않는다. 제4단계에서 보았던 첫번째 양립성의 원칙인 "저자의 목적"을 상기하여야 한다. 그렇지 않으면, 해석학적인 증거도 없이 스스로를 아들의 위치에 놓고서 각 나라에 다니면서 땅을 달라고 요구하는 일이 벌어지게 되고 말 것이다. 그 대신, 강해적 중심 명제는 그리스도인들이 어떻게 시편 2:8을 읽어야 할 것인가와 조화를 이루어야 한다: 즉, 예수님께서 기름 부음을 받은 아들로서 온 세상을 유업으로 받으셨음으로 이해해야 한다. 이러한 이해는 기름 부음받은 아들에 관한 신약 신학적인 이해를 밑바탕에 두고 있음을 주목해서 봐야 한다. 이와 같은 강해적 중심 명제와 함께 목적의 다리를 추구해 나가야 한다.

강해적 중심 명제는 또 다른 열쇠가 되는 질문에 대한 답을 해줘야 한다. 즉, 이 명제는 본문이 제시하는 바에 있어서 어떤 의미에서 독특한가? 만일 당신의 강해적 중심 명제가 그 본문에 독특한 것이 아니라면, 본문의 내용과 권위에 대해 타협을 한 결과가 되고 만다. 다시 말해 "하나님께서는 교만한 자를 대적하신다"라는 명제는 그러한 가르침을 반영해 주는 다른 본문들에 대해 독특한 명제가 되지 못한다. 각각의 본문들은 그 명제에게 각기 특이한 무엇을 제공해 준다. 예를 들면 창세기 11:1-9에서는 사람들의 특정한 교만함과 그것에 대한 하나님의 특별하신 심판이 묘사되어 있다. 강해적 중심 명제는 축약된 일반적인 원리가 아니라, 구체적이고 독특한 명제가 되어야 한다. 설교 준비의 다음 단계인 설교 목적의 다리로 옮겨 가는 것을 가능하게 해주는 것은 바로 본문이 가지고 있는 독특하고 특정한 성격인 것이다.

이러한 특별한 과정을 생각해 보는 이유는 결국 원래의 독자들과 현대의 독자들 사이에 신학적인 연결을 용이하게 하려는 것이다. 또한 이렇게 함으로 타협하지 않고 본문의 중심 명제를 설교할 수 있는 자료들을 제공해 주기도 한다. 그러나 몇 가지 주의할 사항들이 있다.

- 본문의 역사성을 무시하여 본문이 애매 모호해지지 않도록 주의하라.
- 본문의 구조를 훼손하여 본문이 무의미해지지 않도록 주의하라.
- 설교를 준비하는 과정 중에 본문의 중심 명제의 부분에 포함된 기능과 내용에 상응하는 것들은 이 시점에서 소개하지 않도록 조심하라.
- 본문의 중심 명제로부터 단순히 도덕적인 원리를 추출해서 그것을 일반적인 명제로 변환시켜서는 안 된다.
- 본문의 중심 명제로부터 단순히 설교를 위한 도덕적인 원리를 추출해 내지 말라(이 위험에 대해서는 부록 4를 참조하라).

본문은 단순히 영원한 진리에 대한 히니의 실레니 예회 정도가 이니다. 본문은 그 제시하는 바가 독특한 그 무엇을 그 자체 속에 지니고 있는 명제를 간직하고 있다.

본문의 중심 명제에서 강해적 중심 명제로 옮겨 가는 과정을 시편 2편을 통해 설명해 보도록 한다.

시편 2편 본문의 중심 명제

주제: 하늘의 왕께서 다윗의 아들로 오신 당신의 아들을 시온에서 왕으로 세우시고 그 아들이 땅의 온 세계를 다스릴 권리를 선언하셨기에

술어: 이 땅의 반역적인 모든 왕들은 이 땅의 궁극적인 왕께 예배하며 복종해야 한다.

신약의 기자들은 예수님이 이 땅의 궁극적인 왕이심을 지적하기 위해 시편 2편을 인용하고 있는 것을 우리는 안다. 그러기에 우리는 다윗의 아들이나 시온과 같은 이스라엘에 관계된 용어들을 빼고 그 대신 신약성경에 나타나는 신학적인 이해로 대치할 수 있다. 이렇게 함으로 강해적 중심 명제는 본문의 중심 명제를 반영해 주면서 본문의 뜻을 유지

해 나갈 수 있게 된다. 이것이 후대의 성도들이 시편 2편의 주장들을 이해했던 바이다.

시편 2편의 강해적 중심 명제

    주제: 하늘의 왕께서 예수님을 왕으로 세우시고 모든 나라에 대한 그
        의 통치권을 선포하셨기에
    술어: 이 세상의 왕들은 모두 그 앞에 예배하는 자세로 복종해야 한다.

    이제는 독특하고 본문에만 고유한 강해적 중심 명제로부터 목적의 다리를 끌어올 수 있게 되었다.

Ⅱ. 설교의 중심 명제

  여기의 고급 과정에서는 본문의 중심 명제와 같이 설교의 중심 명제도 두 개의 단계를 갖게 된다.

    A. 설교의 강해적 중심 명제(EPS): 여기에서는 앞에서 언급한 방법을 그대로 사용하면 된다. 목적의 다리를 취해서 그것을 일단 첫번째 주제를 끌어 낼 수 있는 질문으로 바꾼다. 그 후에 강해적 중심 명제의 도움을 받아 얻어진 설교의 목적을 현대적 감각에 맞도록 변환시킨다. 설교의 중심 명제의 주제는 종종 질문의 형태로 되어 있으므로, 오래 기억할 수 있도록 해주기 위해, 또 강한 인상을 주기 위해 그것을 설교에 적절하게 변환시킬 필요가 있다. 설교의 중심 명제를 놓고 기도하며, 깊이 생각하며 열심히 연구해야 할 것이다.
    B. 설교의 중심 명제: 우리는 설교의 중심 명제를 설교학적 중심 명제로 부를 수도 있을 것이다. 이는 강해적 중심 명제를 아주 세련된 형태로 변환시킨 것이다. 설교자의 수사학적인 전략과 목적, 설교의 설계적인

구조, 기억하기 좋도록 꾸민 설교의 명제, 성도들의 논리적/정서적/윤리적 문제들을 모두 고려한 것이 되어야 한다. 세련되게 하는 이 과정에서 성도들과 의사 소통의 측면, 그리고 적용의 요소들을 깊이 고려해야 한다. 그러나 경험이나 시간 부족으로 인해 세련화의 작업과 구체적인 명제의 제시에 만족스럽지 못한 상태에 머무르게 된다면, 그래도 설교를 충분히 강해적으로 선포할 수 있는 명제는 얻을 수 있게 된 것이다.

이 과정을 짧은 이야기체의 본문을 통해 예를 들어 설명해 보도록 한다.

역대상 12:32

잇사갈 자손 중에서 시세를 알고 이스라엘이 마땅히 행할 것을 아는 두목이 이백 명이니 저희는 그 모든 형제를 관할하는 자며

본문의 중심 명제

본문의 중심 명제 또는 주석적 명제: 나는 하나님께서 다윗을 다음 이스라엘의 왕으로 세우시는 성경적 또한 신학적 맥락을(23절) 고려해서 다음과 같은 주제와 술어를 끌어냈다.

주제: 사울에서 다윗으로의 전환할 때에 잇사갈 자손인 이백 명의 두목의 특성은
술어: 시세를 알았고 이스라엘이 마땅히 행할 것을 알았다.

강해적 중심 명제: 본문의 강해적 중심 명제는 주석적인 명제로부터 신학적인 연결을 만들어 냄으로 쉬워지게 된다.

주제: 하나님께서 허락하시는 변화의 때에 하나님 백성들을 이끄는 영적 지도자의 특성은
술어: 시세를 알아야 하고 당신의 백성들에 대한 하나님의 계시된 기대를 아는 것이다.

여기서 내가 연결을 짓고 있는 것들을 주의해서 보라. "잇사갈 자손" 과 "영적 지도자들", 이 둘 사이의 연결은 그 때나 지금이나 영적 지도 자들의 역할은 동일하기 때문에 이루어지게 된 것이다. "이스라엘"과 "하나님의 백성들", 이 둘 사이의 연결은 왕국으로서의 이스라엘이 더 이상 존재하지 않기 때문이다. "사울에서 다윗으로의 전환"이 "하나님 께서 허락하시는 변화의 때"로 바뀌게 된 것은 모든 변화는 하나님의 조정과 허락하에 이루어진다는 것을 전제로 하고 있는 것이다. 그러나 이스라엘 왕국내의 변화는 세상의 사회 정치적인 변화로, 하나님의 백 성들이 경험하게 되는 단순한 사회 정치적인 변화로 직결되는 것은 아 니다. 구약성경에는 이스라엘이 변화에 대해 어떻게 대처했는가에 대 한 다른 본문들도 있다. "시세를 알았고"가 "시세를 알아야 하고"로 바 뀐 이유는 지도자들에 대한 하나님의 부르심이기 때문이다. "이스라엘 이 마땅히 행할 것"이 "당신의 백성들에 대한 하나님의 계시"로 바뀌게 된 이유는 계시가 본질적으로 하나님의 기대하시는 바를 담고 있기 때 문이다. 잇사갈 자손들은 하나님이 계시를 통해 자신들이 무엇을 하기 를 원하시는지 알고 있었던 것이다.

목적의 다리

나의 성도들은 2000년대의 지도자들이다. 우리가 살고 있는 세대는 극심한 변화의 기간인 사실을 고려해서 나의 목적의 다리는 아래와 같 은 것이 될 것이다: "장래 기독교 지도자들로 하여금 시세를 분별하며 그들의 교회가 경험하게 되는 변화의 기간 동안에 무엇을 해야 하는지 를 알 수 있도록 동기를 부여하는 것."

설교의 중심 명제

나는 기초적이고 아직 다듬어지지 않은 설교의 강해적 중심 명제를 위해 설교의 목적을 일단 질문의 형태로 변환을 시킨다.

강해적 중심 명제
주제: 우리 교회가 경험하는 격변의 시대에 있어서 어떠한 유능한 지도

자가 될 수 있겠는가?
술어: 문화를 잘 이해하며(비교: 시세를 알고) 성경 말씀을 잘 적용시킬 수 있는(비교: 당신의 백성들에 대한 하나님의 계시된 기대를 아는 것) 사람이다.

자, 이제는 좀더 세련된 명제로 만들어 보자.

설교의 중심 명제 혹은 설교학적인 중심 명제
주제: 2000년대를 향해 가는 성도들을 위한 유능한 영적 지도자들은
술어: 삶과 말씀을 바르게 주석한다.

고등 과정 도표

본문 측면		설교 측면
1 본문의 연구		5 설교의 명제
2 본문의 구조		설교의 강해적 중심 명제
3 본문의 명제	4 목적의 다리	
본문의 중심 명제		설교의 중심 명제
혹은 주석적 명제		혹은 설교학적 중심 명제
본문의 강해적		6 설교의 구성
중심 명제		7 설교의 선포

만일 이 강해적 중심 명제를 추가하는 것이 지루하거나 애매 모호하다고 생각이 든다면, 굳이 그렇게 할 필요가 없다. 이 책의 본론에서 다루었던 내용들만을 중심으로 설교를 준비하라. 앞에서는 본문들에 대한 가장 핵심적인 방법만을 사용하면서 이사야 19장, 요한계시록 4장, 마태복음 18장과 같이 서신서가 아닌 본문들에 적용시켜 보았었다. 그 방법을

사용한다면 본문에 대해 충실하게 설교를 준비하고 있다는 확신을 더욱 가질 수 있게 될 것이다. 기본적인 방법에 대해 더욱 자세히 이해하고 또 많은 경험을 갖게 되면, 여기 부록에서 다룬 방법을 시도해 볼 수 있을 것이다.

부록
성도들을 이해하기: 문화에 대한 주석
(제4, 6단계)

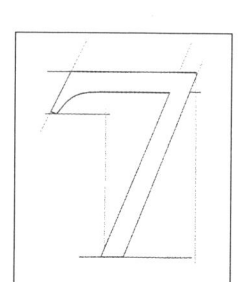

권위 없는 적용이 설교자에 대한 불신을 가져오는 것과 같이, 적용이 없는 성경적인 설교는 성도들에게 좌절감을 가져오게 된다. 그러나 적절하지 못하거나 성도들을 향한 적용이 아닐 경우에는 성도들에게 위험스런 생각을 안겨 주게 된다. 성도들은 성경은 자신들의 삶 속에 직접적인 의미를 주지 못한다고 생각하거나, 또는 어느 특정한 경우에만 실제적인 의미를 갖게 된다고 하는 잘못된 생각들을 갖게 된다.

그러나 우리가 아는 바와 같이 성경은 우리 생활의 모든 문제들을 다루고 있다. 그러므로 설교자는 성경의 진리와 생활을 연결시켜 주는 일을 잘 수행해 나가야 한다.

성경의 진리를 우리의 생활에 잘 연결시켜 줄 수 있는 유일한 방법은 성도들이 속해서 살고 있는 문화를 바르게 이해하는 것이다. 설교자가 성도들을 바르게 이해하는 것은 설교를 준비하는 과정에서 두 번째 과정이다(첫번째는 본문을 이해하는 것). 그리고 세 번째로는 자신을 잘 이해해야 한다.

문화에 대해 주석을 한다고 하는 것은 성경 본문을 주석하는 것만큼이나 중요하고 힘든 작업이다. 우리가 살고 있는 현대에 대한 주석을 하기 위해서는 앞의 제1단계, 즉 본문의 연구에서 사용했던 방법을 되풀이해서 사용하려고 한다. 즉, 우리 생활에서 일어나고 있는 일들의 상세한 내용들을 관찰하고 해석함으로 해서 설교를 위한(또한 신학적인 분석을 위한) 맥락을 공급받을 수가 있게 된다. 강한 충격을 주는 설교를 위해 필요한 두 개의 지침을 소개한다.

생활 속의 상세한 부분들 가운데서 원자재를 찾아내라. 다음과 같은 영역에서 성도들의 모습을 자세하게 관찰함으로 훌륭한 통찰력과 예화와 적용에 도움이 되는 자료들을 얻을 수 있다.

- 언어와 비언어적인 수단을 통해 성도들이 어떻게 자신들의 의사를 전달하는가?
- 그들이 어떻게 살고 있는가? 그들의 기술 문명, 직업, 수입 정도 등
- 관계들: 남편, 아내, 자녀들, 친척들, 그리고 속해 있는 공동체의 역할들
- 그들의 믿음의 전제들: 그들의 세계관, 가치관, 동기들

설교와 성도들을 연결시키라. 성도들에 대해 다음과 질문들을 던짐으로 해서 설교와 성도들 사이에 연결을 지을 수 있다.

- 그들이 무엇을 믿고 있는가?
- 그들이 무엇을 소중하게 여기고 있는가?
- 그들이 무엇을 필요로 하고 있는가?
- 그들이 무엇을 하고 있는가? 또는 어떻게 행동을 하고 있는가?

어떻게 하면 설교와 성도들을 연결지을 수 있는가에 대해 예를 들어 설명을 하도록 한다. 성도들의 행동을 예를 들어보자. 성도들의 외형적인 행동을 관찰하고 난 후, 그러한 행동의 뒤에 숨어 있는 성격적인 구조가 무엇인지에 대해 나름대로 결론을 내린다. 예를 들면 집, 차, 사무실 등의 많은 열쇠를 가지고 다니는 사람을 보면서 그러한 행동 뒤에 깔려 있는 성격적인 구조가 무엇인가 자문해 보는 것이다. 그들이 무엇을 두

려워 하고 있는가? 또는 무엇을 바라고 있는가? 만일 열쇠를 많이 가지고 다닌다면 그것은 그들이 안전을 열망하고 있으며 누가 자기 집에 들어올 것에 대한 두려움이 있음을 반영하는 것일 수가 있다. 만일 시편 46편과 같이 하나님의 보호하심에 대한 본문을 설교하게 된다면, 이와 같은 성도의 생활을 관찰해서 얻게된 도움을 힘입어 이 점에 대해 예를 들며 적용할 수 있을 것이다.

성도들이 실제로 살고 있는 모습에 반해 그들이 어떻게 살기를 원하고 있는가를 잘 이해해야 한다. 이것은 설교에 아주 중요한 도움을 주게 될 것이다. 예를 들면 성도들은 관대하게 살고 싶어하지만 실제로는 이기주의적인 삶을 살고 있다. 관대하기 위해서는 자신들이 별로 갖고 있지 못하다고 생각하는 돈과 시간을 들여야 한다. 자, 이제 선한 사마리아인의 비유를 본문으로 설교를 하게 된다면, 성도들의 삶을 관찰한 결과로 얻어진 바로 이와 같은 점을 예로 들며 적용할 수 있을 것이다.

또한 더 증거가 없이 또는 정당화해주는 설명이 필요없이 이미 성도들이 믿고 있는 바가 무엇인지도 이해해야 한다. 서양에서는, 어떤 사람들은 인간 스스로가 자신의 인생을(인생의 어떤 부분들은) 조정할 수 있다고 믿는가 하면, 다른 곳에 사는 어떤 사람들은 인간 스스로가 자기 인생을(그 어느 부분도) 조정할 수 있는 힘이 전혀 없다고 믿고 있다.

만일 하나님의 주권적 통치에 대한 본문을 설교하게 된다면 이 두 개의 다른 상황에서는 각기 다른 접근이 필요하게 될 것이다. 서양에서는 설교자는 성도들로 하여금 자기 인생에 대한 주도권을 내어놓으라고 도전해야 할 것이다. 반면 다른 곳에서는 하나님께서 주권적으로 역사하시지만, 자기의 책임을 다해야한다고 강조해야 할 것이다.

마지막으로, 성도들을 이해할 수 있는 유일한 방법은 그들과 함께 시간을 보내는 것이다. 그들이 일하는 곳에서 또 그들의 집에서 그들과 함께 시간을 보내야 한다. 병원에서 또 묘지에서도 같이 시간을 보내 줘야 한다. 그들이 읽는 것을 설교자도 읽어야 한다. 그들의 질문이 무엇인가를 이해해야 한다. 그들의 생각과 삶 속으로 파고 들어가야 한다. 본문에 대한 주석과 성도들에 대한 주석을 잘 정리함으로 해서 설교는 더욱 더 풍부해지고 깊어지며, 더욱 현실 감각이 살아나게 되고, 흥미있고 역동적이며 충격을 주는 설교가 될 수 있을 것이다.

부록
훌륭한 설교 아웃라인의 요소들
(제6단계)

아래에 있는 훌륭한 설교 아웃라인의 요소들은 알 파솔(Al Fasol)의 저서(Essentials for Biblical Preaching: An Introduction to Basic Sermon Preparation[65-66쪽])에서 발췌해서 약간의 수정을 가한 것이다.

강해설교를 준비할 때에는 본문의 아웃라인을 끌어내려고 노력을 하면서 다음에 나오는 기준들을 이미 염두에 두고 있어서 따로 신경을 쓰지 않아도 된다. 그러나 주제별 설교를 준비할 때에는 이 점들에 대해 특별한 신경을 쓸 필요가 있다.

1. 아웃라인은 설교의 제목과 밀접하고 선명한 관계를 가져야 한다.
2. 각 대지는 설교의 제목이나 주제의 한 가지 요점만 다루어야 한다.
3. 각 대지는 각기 서로 달라야 한다.
4. 각 대지는 완전한 문장으로 옮겨져야 한다.
5. 각 대지는 현재형의 문장으로 쓰여져야 한다.
6. 각 대지는 설교 전체의 발전에 있어 거의 대등한 무게를 가져야 한다.
7. 각 요지는 어느 특정한 성도들에게 본문의 의미를 가장 잘 전달할 수 있는 순서와 스타일(논리적, 시적)을 사용해서 구성되어야 한다.
8. 아웃라인은 일반적이기보다는 구체적인 표현들을 사용해야 한다.
9. 각 대지는 본문에 근거를 두고 있어야 한다.

부록
설교 서론의 예
(제6단계)

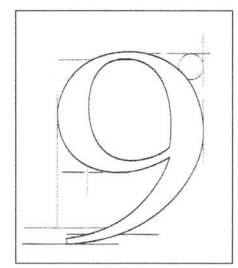

앞의 제6단계에서 우리는 서론을 서론의 서두, 서론의 본론, 그리고 서론내의 요지로 나누었다.

서론의 서두: 이 부분은 설교 자체와는 아무런 관계는 없지만, 설교자와 성도들에게 있어서는 아주 중요한 부분이다. 인사의 말씀을 전하거나, 예배의 앞부분과 연결, 또는 성도들이나 주최측과의 관계를 보여주는 부분이다.

서론의 본론: 다시 언급하지만 서론의 본론에는 네 가지 특성이 있다.

- 성도들의 관심을 끈다.
- 적절한 필요를 제기한다.
- 설교의 주제나 중심 명제에 관심을 갖게 하며 준비를 시켜준다.
- 설교의 목적이나 목표하는 바를 선언해 준다.

서론내의 요지: 여기서는 지난 주일 설교의 내용이나 시리즈의 제목을 상기시키거나 본문을 알려 주면서, 설교가 성경 본문의 권위에 입각하고 있다는 분위기를 설정한다.

앞의 제6단계에서 사용했던 요한계시록 6장을 본문 "보좌에서 내려오라!"라는 설교의 예를 사용하면서 훌륭한 서론에 필요한 요소들을 설명해 본다. 이 설교는 마침 내가 제6장을 쓰고 있던 중에 했던 설교이다. 제6단계에서 제시했던 것을 어떻게 이 설교에 적용하려고 했었는가를 보여주려고 한다. 내가 설교에서 직접 말하려고 하는 내용들은 고딕체로 되어 있다.

제목: "보좌에서 내려오라!"
― 다시 한번 보며 다시 한번 생각할 수 있는 기회를 주기 위해 재미있는 제목을 선정했다.
― 정확하고 선명하고 짧고 재미있는 제목을 선정했다.

본문: 요한계시록 4장 1-11절

서론의 본문: 〔주제에 대한 관심을 끌 수 있는 무엇이 필요하다. 얘기를 위한 얘기가 아닌 것을 기억하라. 적절한 예화가 꼭 필요하다.〕

카톨릭 신부를 아들로 두고 있는 네 명의 어머니가 각각 사람들이 자기 아들을 부르는 칭호를 가지고 자랑하고 있었습니다. 첫번째 어머니가 말했습니다. "우리 아들은 신부입니다. 우리 아들이 나타나면 사람들은 '존경하는 신부님'(Reverend Father)이라고들 불러 줍니다." 두 번째 어머니는 말했습니다. "우리 아들은 고위 성직자입니다. 사람들은 우리 아들을 '각하'(Your Excellence)라고 부른답니다." 세 번째 어머니가 말했습니다. "우리 아들은 추기경입니다. 사람들은 우리 아들을 향해 '주님'(Your Lordship)이라고 부릅니다. 그러자 네 번째 어머니는 할 말이 없었습니다. 그래서 이렇게 말했습니다. "우리 아들은 키가 2미터이며 체중이 거의 160킬로그램입니다. 그래서 우리 아들이 나타나면 사람들은 '오, 하나님'(Oh, my God)하며 놀란답니다."

성도들의 관심을 끌기: "그리스도인들에 의한 피조물의 신격화"

오늘 아침 저는 피조물의 신격화에 대해 말씀을 드리려고 합니다. 좀더 자세히 말씀드린다면, 신성에 대한(그리스도가 아닌) 그리스도인들의 주장입니다. 우리는 하나님의 본질 또는 성품을 빼앗아서는 우리 자신들에게 초점을 맞추고 있습니다. 다른 종교들은 하나님의 성품이 인간들 속에 내재하고 있다고 주장을 합니다. 우리 문화 특별히 복음주의 안에서도 하나님의 전능하신 능력과 감정을 우리 인간들이 남용하고 있음을 보게 됩니다. 우리는 영광과 존귀와 능력을 우리 자신들에게로 초점을 맞춰 버립니다. 우리는 스스로 인생의 권좌에 앉아서 마치 영원히 살 수 있을 것이라고 생각을 합니다. "신성과의 불장난" 또는 "스스로의 신격화"의 현상입니다. 종교에 있어서 가장 궁극적인 질문은 다름 아닌 바로 초월적인 누구를 예배할 것인가, 아니면 자신을 예배할 것인가의 문제입니다.

저는 이것을 인간들의 "권좌 탈취를 위한 전략"이라고 부릅니다. 다양한 문화는 더욱 더 다양한 전략들을 가지고 있습니다. 예를 들면, 생명 공학이나 유전 공학과 같이 인간 스스로가 창조주의 노릇을 하려고 시도하는 것들입니다. 그러나 그리스도인들 역시 자신들의 삶 속에서 하늘의 보좌를 차지하고 앉아 있습니다. 우리 스스로가 주권자 노릇을 하여 실제 하나님께서는 우리를 다스리시지 못하는 결과를 낳고 있습니다. 하나님 노릇을 하고 싶어하는 욕망에 미혹이 되어, 스스로 주권자가 된다고 하는 환상에 사로잡혀서 그만 옛날의 하와와 같이 신격화의 유혹에 빠지게 되는 것입니다. 신격화의 불장난에 빠지게 되는 세 영역을 소개하려고 합니다.

필요의 제기: 그리스도인들의 권좌 탈취 전략과 그 허구성

전략 1: 첫번째 전략은 "소유권을 통한 독립"의 증세입니다. 즉, 주권에 대한 불장난이요 자기 인생의 소유권과 독립성에 대한 가정입니다. 내 인생에 대한 독립적인 소유권을 내가 가지고 있다는 것입니다. 내가 바로 내 인생의 소유권자요, 창조자이며 원천이라는 생각입니다. 나 스스로가 내 인생을 돌보지 않으면, 아무도 돌봐 줄 사람이 없다는 것입니다.

예를 들면, 죄악 속에 조용히 살아가는 것, 반복되는 잘못된 행동들, 우리 삶 속에서 추구하는 죄악의 습관 등을 달리 어떻게 설명할 수 있겠습니까? 우리는 죄를 지을 때마다 하나님의 보좌를 향해 공격을 가하는 것입니다. 이것은 우주적인 반란입니다. 하나님의 정부에 대한 쿠데타입니다. 죄를 지음으로 나름대로의 규칙을 만들어 갑니다. 우리가 스스로에 대한 주권을 주장하고 있다는 것 외에 달리 어떻게 죄를 설명할 수 있겠습니까?

과거의 세계관에서는 만물의 척도는 인류였다고 했지만, 이제는 개인이 만물의 척도가 되어 버렸습니다.

자기의 죄악된 생활 스타일을 정당화하려는 한 그리스도인의 예를 들고, 그 다음에 필요를 제기한다.

여러분의 생활 스타일은 이와 같이 분명한 죄악이며 또는 은밀한 것은 아닐지도 모릅니다. 그러나 죄를 짓고 싶은 유혹을 느낄 때마다, 나는 주권에 대한 유혹을 느끼게 됩니다. 독립한다는 전제가 놓여 있습니다. 우리 스스로가 법을 제정하는 사람이라는 선언을 내리는 것입니다. 죄악과 그리스도인으로서의 믿음이 내 속에서 조화를 이루게 되는 것입니다. 화를 내는 것으로부터 시작해서 간음의 죄까지 어떠한 죄악이라도 내 속에 지니면서 살아가고 있다면, 나는 스스로에 대한 주권자가 되고 마는 것입니다! 이것은 신성에 대한 환상입니다. 우리 스스로가 하늘의 보좌 위에 앉아서 내 삶을 주관하는 것입니다. 이제 보좌에서 좀 내려오지 않으시겠습니까?

나는 필요를 제기하기 위해 두 가지 정도를 더 말하면서 각기 끝에다

"이제 보좌에서 좀 내려오지 않으시겠습니까?"라는 표현을 사용한다. 나는 상당한 시간을 필요를 제기하는 데 사용한다. 약 15% 내지 20% 정도. 그렇게 함으로 성도들로 하여금 이에 대한 해답을 갈망하게 만드는 것이다.

보좌에 앉아 예배를 받으실 수 있는 오직 한 분뿐입니다. "이제 보좌에서 좀 내려오지 않으시겠습니까?"

여기서 나는 다시 한번 주제에 대한 복습을 해준다.

독립, 철통 같은 수비벽, 자신의 중요성 등의 증세들은 그리스도인 자신의 신격화에 대한 분명한 특징입니다. 오직 신격화만이 과장이나 착오 없이 이런 것들을 주장할 수 있는 것입니다. 우리는 그럴 수 없습니다. 성도 여러분, 우리는 그렇게 할 수도 없으며 해서도 안 됩니다.

목적에 대한 선언

오늘 제 설교의 목적은 하늘 중앙에 있는 보좌를 생각하면서 우리 스스로를 보좌에서 쫓아내는 것입니다. 주권적인 보좌에 관한 유혹을 받을 때에 하늘의 보좌를 생각하면서 스스로를 신격화하려는 유혹을 이겨 나가시기를 바랍니다. 전능하신 여호와 하나님, 거룩하시며 영원하시며 창조주이신 하나님만이 우리의 예배를 받으시기에 합당하시기 때문입니다.

이제 우리가 잘못 앉아 버린 보좌에서 내려오는 방법을 알아 보도록 합시다.

서론내의 요지

오늘 아침에는 보좌에 대한 계시가 담겨 있는 요한계시록 4장을 같이 보시겠습니다. 여러분들도 아시는 바와 같이 계속되는 묵시 가운데에 사도 요한은 영적인("내가 곧 성령에 감동하였더니") 그리고 예언적인(그의 환상은 이사야와 에스겔의 환상의 복합체이다) 선견과 통찰력을 부여받기 위해 하늘의 보좌가 있는 방으로 초대됩니다. 본문이 묻고 있는 질문은 "누가 왕인가?"입니다. 오직 홀로이신 주권자 하나님이신가, 아니면 우상들인가? 그리스도이신가, 아니면 과거의 황제인가? 그리스도이신가, 아니면 장래에 나타날 적그리스도인가? 혹은 그리스도이신가, 아니면 우리 중에 그 누구인가?

여러분들도 아는 바와 같이 이 4장은 주님께서 아시아의 교회들에게 보내신 메시지(2-3장) 바로 뒤에 나오고 있습니다. 일곱 교회 중에 다섯 교회의 가장 중요한 영적인 문제는 그리스도께 대한 충성의 문제였습니다. 그리고 계속해서 택함을 받은 사람들이라고 미혹하려는 사탄의 유혹이 아울러 나오고 있습니다.

요한계시록 4장은 하늘과 역사의 보좌에 대한 우리의 관계의 중요성에 대한 것으로 가득 차 있습니다. 요한의 초대에 응해봅시다. 하늘을 들여다봅시다. 예배를 받으시기에 합당하신 주권의 하나님과 어떠한 관계를 맺을 것인가에 대한 하늘의 청사진을 관찰하며 배우며 그리고 적용하도록 합시다. 하늘에 울려퍼지는 수십 개의 찬송 가운데 두 개가 여기에 나오고 있습니다. 우리의 초점은 히버 감독이 "거룩 거룩 거룩"과 "영원하신 창조의 주 하나님"이라는 찬송 속에 불후의 작품으로 남겨 놓은 생물들의 찬송이 아닙니다.

여기서 나는 설교의 중심 명제를 살짝 집어넣는다. 그리고 설교의 끝에 다시 집어넣는다.

우리의 초점은 두 번째의 찬송, 즉 장로들의 찬송에 맞춰집니다. "우리 주 하나님이여 영광과 존귀와 능력을 받으시는 것이 합당하오니 주께서 만물을 지으신지라 만물이 주의 뜻대로 있었고 또 지으심을 받았나이다." 하나님은 우주의 소유자이시며 운영자이십니다. 하나님은 거시적인 또한 미시적인 온 우주를 창조하신 분이시며 관리하는 분이십니다. 그러므로 하나님의 보좌에 우리가 앉아 있을 수는 없습니다. 이제 보좌에서 좀 내려오지 않으시겠습니까?"

부록
설교 서론의 형태들
(제6단계)

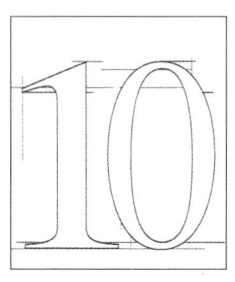

달라스 신학 대학원에서 수집한 서론에 사용할 수 있는 것들을 일부 소개한다. 서론의 서두와 서론의 본론으로 나누어 보았다.

서론의 서두

- 칭찬
- 예배 인도자에 대한 언급
- 소개에 대한 감사
- 특별한 절기에 대한 언급

서론의 본론

효과적인 서론의 4요소에 대해 기억한다면 아래에 열거된 것들이 어떤 요소에 해당하는 것인가를 그 옆에다 적어 보도록 하라.

- 깜짝 놀랄 만한 이야기
- 도전적인 질문(들)
- 심각한 또는 적절한 사건
- 유머스럽고 재미있는 사건

- 생생한 표현
- 구체적인 예화나 예들
- 정의(들)
- 인용(들)
- 역설적인 선언
- 문제점의 선언
- 뉴스거리
- 재치있는 표현
- 사물을 사용하는 교훈
- 비유나 격언적 표현
- 유명한 책, TV 또는 라디오 프로그램
- 최근에 일어나고 있는 사건

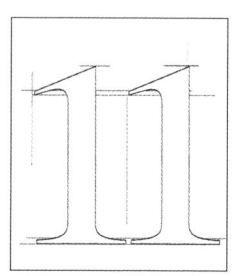

부록
설교 평가 질문들
(제7단계)

달라스 신학 대학원에서 설교학을 가르치는 해든 로빈슨 교수와 다른 교수들은 설교를 평가할 수 있는 아주 귀중한 일련의 질문들을 고안해 냈다. 이것들은 세계적인 설교자 양성 기관인 달라스 신학 대학원 설교실에서 지금도 사용되고 있다. 나는 해든 로빈슨의 저서(Biblical Preaching[217-20쪽])에 있는 질문들을 채택, 확대시켜서 이 책에서 제시하는 방법론에 맞도록 수정을 했다. 아래에 나오는 질문들은 설교의 구조를 작성하는 면에서, 그리고 설교를 전달하는 면에서 많은 도움을 줄 것이다. 여기에 제시된 원리들은 사람들이 메시지를 전달하며 받아들이는 방법에 기초해서 작성되었기 때문에, 전 세계적으로 적용할 수가 있다. 설교를 작성하며 선포할 때마다 이 질문들을 스스로에게 던져 보도록 하라.

설교의 구조에 대한 평가

제목

현대 감각에 맞는가? 충격을 줄 만한가? 정확한가? 분명한가? 짧은가? 직접적으로 또는 암시적으로 설교의 내용을 반영해 주고 있는가?

서론의 서두

설교 앞부분의 예배 분위기를 고려하고 있는가?
설교자에 대한 성도들의 자세를 고려하고 있는가?
성도들과 공감대를 형성하고 있는가?
서론의 서두와 서론의 본론 사이에 분명한 전환이 이루어지고 있는가?

본문 읽기

본문의 장절이 바르게 전달되었는가?
본문을 찾을 수 있는 충분한 시간이 주어졌는가?
본문 봉독이 잘 이루어졌는가?(본문은 여러 곳에서 선언되거나 읽혀질 수 있다. 제6단계를 보라.)

서론의 본론

성도들의 관심을 끄는가?
직접 또는 간접적으로 필요를 제기하는가?
주제, 중심 명제, 아니면 첫번째 대지로 성도들의 관심을 끌고 있는가?
설교의 목적이 선포되었는가?
 그 길이가 적절한가?

서론내의 요지

본문이나 설교의 배경 설명이 잘 이루어졌는가?
배경 설명이 주제, 목적, 또는 중심 명제의 이해에 도움을 주는가?

설교 본문의 구조

대지들이 선명하게 표현되었는가? 본문에 충실한가? 본문을 통해 적절하게 증명되었는가? 적절하게 설명되었으며, 적용되었는가?
설교의 발전이 분명한가? 전반적인 구조가 선명한가?

설교의 중심 명제가 있는가? 그것을 말할 수 있는가?
전환이 분명한가? 복습을 시켜 주는가?
대지들 사이에 연결 고리가 있는가?
대지와 중심 명제 사이에 분명한 관련이 있는가?
소지들과 대지 사이에 분명한 연결이 있는가?

설계 구조

설교가 효과적인 방법으로 설계되어 있는가?
논리적인 배열을 가지고 있는가? 시간적인 순서 배열을 이루고 있는가?
설교 가운데 제기될 수 있는 심리적인 또는 사회적인 문제들에 대해 민감한가?

결론

설교가 절정을 향해 발전되고 있는가?
적절한 요약이 있는가?
설교의 중심 명제가 반복해서 선언되었는가?
효과적인 마지막 호소나 제안이 있는가?

내용에 대한 평가

중심 명제와 주석

주제가 중요한 것인가?
그 주제가 본문과 성도들에게 적절한 것인가?
본문의 중심 명제가 선언되고 설교 중에 분명하게 나타났는가?
설교가 좋은 주석 위에 근거하고 있는가?
설교를 해 나가면서 지금 본문의 어디에 있다고 알려 주는가?
주제에 대한 분석이 철저하며 논리적인가?

논리가 설득력이 있는가?
내용이 독창적인가?

보조 자료

보조 자료가 설명하려는 것과 잘 연관을 맺고 있는가?
보조 자료가 재미있는가? 구체적인가? 충분한가?
보조 자료를 통해 설명하려고 하는 바가 무엇인지 알려 주는가?
요지와 예화를 구별해서 그 전환을 알려 주는가?
요지들이 성도들의 공감을 불러일으키는가?
예화 후에 그 요지를 다시 말하거나 복습을 시켜 주는가?

적용

적용이 올바른 시점에서 되고 있는가?
성도들의 상황에 맞게 변환되어 있는가?
적용이 "그래서?"에 대한 답을 주고 있는가?
적용이 "이제 나는?"에 대한 답을 주고 있는가?

스타일에 대한 평가

문법적으로 맞는가?
단어가 구체적인가? 생생한가? 다양한가?
언어의 사용이 올바른가?
언어의 선택이 설교의 효과를 증진시키는가?

일반적인 효과에 대한 평가

성도에 맞게 변환

설교가 성도들의 관심과 태도에 맞도록 잘 변화되었는가?

성도들이 알고 있는 바에 대해 잘 접목하고 있는가?
성도들의 필요를 채워 주는가?

설교 전달에 대한 평가

지적인 전달

목소리의 크기가 적절한가?
직접 성도들을 향해 말하는가?
친근감이 있는가?
설교의 전달이 생동감이 있는 대화와 같은가?
어떤 단어의 발음에 곤란을 겪고 있는가?

언어적 전달

명랑한 목소리로 설교를 하는가? 발음을 정확하게 하는가?
목소리의 고저와 크기와 속도에 변화를 주는가?
효과적으로 중간에 쉬었다 가는가?

몸가짐을 통한 전달

몸 전체를 활용하며 설교를 하는가?
제스처가 적절하며 확실한가?
성도들을 산만하게 하는 진부한 행동을 삼가려고 노력하는가?
얼굴의 표정이 적절한가?
성도들의 눈을 바라보며 설교하는가?
성도들의 반응을 보아 가며 설교하는가?

미주

서언

1. 역사상 위대한 설교가들로부터 배울 수 있는 점들에 대한 개관을 위해서는 레이 조던(G. Ray Jordan)의 You Can Preach: Building and Delivering the Sermon (뉴욕: 플레밍 H. 레블, 1951)의 제5장 "로마의 클레멘트(감독, 약 88 - 93)로부터 필립 브룩스(1835-1893)까지"를 참조하라.

2. 이 구절 자체도 표절이다! 웹 개리슨(Web Garrison, The Preacher and His Audience, 뉴욕: 플레밍 H. 레블, 1954, 256)은 파우스트(Faust) 전체의 전반 반절이 빌려 온 것이라고 하는 찰스 무어(Charles L. Moore, "The Highest Type of Originality in Literature," Current Literature 50 [1911]: 100)의 비평을 지적하고 있다. 나는 지난 100년간의 설교학에 관한 글을 읽으면서 출처가 밝혀지지 않은 인용들이 부지기수임을 발견했다. 나는 가능한 한 단편적인 아이디어든 아니면 일괄적인 아이디어든 그 출처를 밝히도록 노력을 하겠다.

3. 나는 봄베이의 설교자들의 능력을 깎아내리기 위해 이 일례를 기록하는 것은 아니다. 이 성도는 결국 봄베이에서 훌륭한 교회를 찾게 되었다. 나는 술의 해독에 대해 좀더 많이 설교를 해야 되지 않았나 하는 생각이 든다.

4. 총체적인 설교학 교과서는 설교자의 인격으로부터 강단에서의 모습, 설교자의 영성, 목소리의 사용에 이르기까지 모든 것을 다 다루어야 할 것이다. 이 책은 오직 설교의 역학, 총체적인 설교학 책에서 다룰 내용들의 일부에만 초점을 맞추고 있다. 브로더스나 로빈슨의 책과 같이 기본적인 교과서들은 뒤의 참고 서적에 기재해 놓았다.

서론

1. 강해설교에 대한 훌륭한 정의들을 몇 가지 소개한다. 브라가와 하이든은 설교의 내용에 초점을 맞추고 있으며, 로빈슨과 강해설교 위원회의 정의는 강해설교의 방법론과 목적을 포함하고 있다.

> 강해설교란 "성경의 일정 부분을 하나의 주된 개념이나 주제와 연관을 지어서 해석하는 설교이다. 설교 내용의 대부분은 본문 자체에서 가져오게 되며 설교의 아웃라인은 그 하나의 주된 주제를 중심으로 발전되는 일련의 아이디어로 구성된다." 제임스 브라가(James Braga)의 How to Prepare Bible Messages(포트랜드, 오레곤: 멀트노마, 1969, 1981), 53쪽.
>
> 강해설교란 "성경의 일정한 양의 본문을 가지고 시작을 해서 그 본문의 주된 개념이 설교 발전의 아웃라인을 제공해 주며 적용의 기초가 되도록 하는 설교이다." 에드윈 하이든(Edwin V. Hayden)의 "What's the Expository Preaching?" Charles R. Gresham이 편집한 Preach the Word: Guidelines to Expository Preaching(조플린, 미조리: 컬리지 프레스, 1983), 1-2쪽.
>
> 강해설교란 "성경 본문의 역사적, 문법적, 문학적 연구를 통하여 얻어지고 전수된 성경적 진리를, 성령 하나님의 역사하심을 통하여 먼저는 설교자 자신의 삶에, 또한 듣는 자들의 삶에 적용시키는 설교를 의미한다." 해든 로빈슨(Haddon Robinson)의 Biblical Preaching(그랜드 래피즈, 미시간: 베이커, 1982), 20쪽.
>
> 강해설교란 "현대 문화에 알맞게 또 하나님의 진리를 이해하며 순종하도록 하는 구체적인 목적을 가지고 성경 본문의 의미를 전달하는 설교이다"(강해설교 위원회, 1982).

제1단계: 본문의 연구

1. 제1단계는 소위 성경 공부 방법이라고 알려져 있는 것에 관한 단계이다. 이 단계에 관련된 기본적인 서적들은 다음과 같다.

고든 피(Gorden D. Fee)와 더글라스 스튜어트(Douglas Stuart)의 How to Read the Bible for All It's Worth, 그랜드 래피즈, 미시간: 존더반, 1982.
한스 핀젤(Hans Finzel)의 Observe, Interpret, Apply: How to Study the Bible Inductively, 위튼: 빅터, 1994.
하워드 헨드릭스(Howard G. Hendricks)와 윌리엄 헨드릭스(William D. Hendricks)의 삶을 변화시키는 성경 연구(Living by the Book, 시카고: 무디, 1991, 파이디온 번역)
로버트 트레이나(Robert A. Traina)의 A Methodical Bible Study: A New Approach to Hermeneutics, 그랜드 래피즈: 프랜시스 애즈베리 프레스, 1985.
올레타 왈드(Oletta Wald)의 The Joy of Discovery in Bible Study, 미네아폴리스: 옥스버그, 1975.

2. 로이 주크(Roy B. Zuck)의 "Biblical Hermeneutics and Exposition", 도날드 캠벨(Donald K. Campbell)이 편집한 Walvoord: A Tribute. 시카고: 무디, 1982, 19쪽.

3. 유진 로우리(Eugene Lowry)의 How to Preach a Parable: Designs for Narrative Sermons(내쉬빌: 애빙던, 1989), 36-37쪽.

4. 해럴드 호너(Harold W. Hoehner)의 "에베소서", Bible Knowledge Commentary: New Testament, 위튼: 빅터, 1983, 639쪽.

제3단계: 본문의 중심 명제

1. 나는 명제라는 표현을 선호한다. 이 표현은 복음주의적 성경관과도 일치한다. 그리고 설교학적으로도 설교학적인 전통과 부합하는 표현이다. 예를 들면 다음과 같은 책에서도 같은 표현을 보게 된다. 1800년대에 처음 쓰여진 존 브로더스(John Broadus)의 On the Preparation and Delivery of Sermons, 4판, 버논 스탠필드(Vernon L. Stanfield) 편집(샌프란시스코:

하퍼 앤드 로우, 1979) 제8장을 보라.

좀더 최근에 나온 책도 명제라는 표현을 쓰고 있다. 대등절과 종속절을 설명한 후에(제2단계를 보라), 저자들은 다음과 같이 쓰고 있다:

> "본문의 분석에 있어서 다음 단계는 명제적인 진술, 즉 본문의 주된 개념을 증류시키며 명료하게 하는 진술을 만들어 내는 작업이다. 명제적인 진술은 결국 후에 설교의 주제를 끌어내게 되는 진술이다." 조엘 걸라크(Joel Gerlach)와 리처드 발지(Richard Balge)의 Preach the Gospel: A Textbook for Homiletics(밀워키: 노스웨스턴, 1978), 25쪽.

설교의 방법론을 글로 옮기고 나서 7년 후에 나는 이 책에서 사용하고 있는 방법론을 반영하고 있는 이 훌륭한 글을 대하게 되었다. 이 사실은 다시 한번 서론에서 제기했던 나의 의구심, 즉 현대에도 다른 사람들이 나의 독창적인 생각을 훔쳐가고 있다는 의구심을 확인하게 되었다! 또한 학생으로 또 교수로 보냈던 달라스 신학 대학원에서의 배움에 대해 깊이 감사한 마음이다. 해든 로빈슨, 듀안 리프틴, 존 리드, 그리고 다 열거할 수 없을 만큼 많은 동료 교수들이 나의 생각과 실천과 설명에 있어서 나에게 미친 영향에 대해 깊이 감사한다.

2. 해든 로빈슨의 Biblical Preaching을 공부한 사람들이라면 제3단계의 내용을 내가 베끼다시피 한 사실을 쉽게 알 수 있을 것이다.

제4단계: 목적의 다리

1. 이 책 가운데서 가장 독창적인 부분이 있다고 한다면, 그것은 아마도 제4단계에서 소개되고 있는 과정에 대한 방법론일 것이다. 달리 말하면 제3단계에서 제5단계로의 전환을 이루어 주는 제4단계라고 하겠다. 이미 설교학을 많이 공부한 독자도 이 부분을 통해 많은 것을 배울 수 있을 것이라고 생각한다.

2. 존 킬링거는 다음과 같이 말한다: "설교자들이 설교를 시작하기 전에 설교의

목적을 분명하게 하지 않음으로 해서 설교를 망치는 경우가 종종 있다. 영적인 자세, 뛰어난 아이디어들, 훌륭한 언어 구사, 설명에 도움이 되는 비유들과 예화들이 다 구비되었음에도 불구하고 설교가 은혜가 되지 않아서 설교자나 듣는 자들이 모두 의아하게 생각하는 일이 벌어진다. 그러나 설교의 목적이 분명하지 않고는 설교를 통해 "많은 것"을 이루리라고 기대할 수는 없는 것이다." Fundamentals of Preaching(필라델피아: 포트레스, 1985), 48쪽.

3. 제이 아담스는 그의 책에 "목적을 갖고 있는 설교(Preaching with Purpose)"라고 제목을 붙였다. 그 책은 우리들에게 설교의 목적에 대해 설명을 해준다. 설교에 있어서 예화로부터 아웃라인에 이르기까지 모든 것에 목적이 있다는 사실과 그 중요성에 대해 잘 설명을 해준다. 특히 1장 "목적의 중요성"을 보도록 하라.

4. 걸라크와 발지는 목적을 "하나님의 말씀을 통해 듣는 이들의 마음과 생활 속에 성령 하나님께서 무엇을 이루기를 원하시는가?"라는 측면에서 이해하고 있다(26쪽). "목적은 가장 중요한 이슈이다: 설교에 있어서 설교자의 목적, 본문의 목적, 설교 내용의 목적, 구성과 스타일의 목적, 보조 자료의 목적, 설교 전달 방법의 목적 등. 이 모든 것들이 좋은 설교를 위해서는 아주 중요한 역할들을 담당하게 된나"(3쪽).
앞에서 언급한 바와 같이, 걸라크와 발지의 접근 방법은 이 책의 1단계로부터 4단계에 나타난 방법과 흡사하다. 다른 점은 그들은 목적이 명제에 영향을 주어야 한다고 생각을 한다. 그러나 설교의 목적이 본문 자체의 명제에 영향을 주어서는 안 된다. 물론 설교의 명제에는 영향을 주어야 한다.

5. "설교란 인간의 필요나 여건과 관련된 하나님의 실재의 몇몇 양상에 대한 계시이다." 디오도르 페리스(Theodore P. Ferris)의 Go Tell the People. (New York: Charles Scribner's Sons, 1951), 17쪽.

6. 관심이 있는 독자들을 위해 유진 로우리(Eugene Lowry, How to Preach a Parable)가 제기하고 있는 점을 밝혀 주어야 한다고 생각을 한다. 그는 대부분의 설교자들의 경우에 나타나는 연역적인 접근 경향 때문에 설교에서 명제를 아예 제거해 버려야 한다고 생각을 한다. "설교를 준비하는 과정에서 주제

적인 명제를 제안하는 사람들의 경우 종종 그것을 성경 자체와 설교 구성의 사이에 놓곤 한다. 그 결과 고의적인 것은 아니지만, 본문이 조각이 나게 되어 하나의 명제적인 진술로 축약되어지게 되고, 그리고는 그것이 설교의 구성을 결정해 버리는 일이 벌어진다"(37쪽).

이에 대한 나의 답변이 있다. 첫째, 이 책에서 제시되는 방법론에서는 명제적인 진술이 그 과정에 방해가 되고 있지 않다. 목적의 다리가 성경 본문과 설교의 구성 사이에 연결을 해주고 있다. 둘째, 연역적인 접근의 경향은 이 책에서 제시하고 있는 방법론 자체내의 어떤 문제 때문이 아니라 어떠한 신학대학원에서 교육을 받았는가에 기인하고 있는 문제이다. 명제적인 진술에 도달하는 것은 귀납적일 수가 있다. 설교가 연역적인 구조를 가질 것인가 귀납적인 구조를 가질 것인가는 제4단계에서 다루고 있는 설교의 설계적 구조에 의해 결정되어지는 것이다. 셋째, 나는 로우리의 제안 가운데 "예술적인" 면을 좋아한다.

"경험이 많은 소설가나 다른 이야기를 잘하는 예술가들의 경우 어디로 이야기가 전개될지 모르는 것"과는 달리, 설교자는 항상 열려 있어야 한다. "우리들도, 설교를 준비하는 과정 전체를 통해 열려진 상태에 있어야 한다. 주제적인 진술은 그러한 열려진 상태를 유지하는 데에 도움이 되지 못하는 것 같다"(37쪽).

나는 효과적인 "목적의 다리"가 설교자로 하여금 절제되지 못한 개방에 의해 방해를 받지 않으면서도 예술적인 모습을 견지할 수 있도록 해줄 것이라고 제안한다. 절제되지 못한 개방은 결국 본문의 권위를 빼앗아가 버리기 때문이다.

제5단계: 설교의 중심 명제

1. 킬링거는 설교의 아이디어는 정해진 성구집에서 나오거나 아니면 하늘에서 뚝 떨어지기도 한다고 말한다. 그러나 강해설교에 있어서 설교의 아이디어는 성경의 본문에서 나오며, 설교의 목적을 통해 발전되어 나간다.

또는 걸라크와 발지의 말대로, "명제적인 진술은 중심 사상이나 본문의 주된 술어를 설교의 목적과 관련지어서 표현한다. 성령의 감동을 받은 저자가 강조하는 것을 강조해야 한다. 성경의 저자가 부차적으로 여기는 것은 명제에서도 부차적인 것으로 여겨야 한다. 명제가 설교의 주제는 아니다. 때로 그런 경우도 있기는 하지만, 설교의 주제는 명제적 진술 속에서 발아하며 그것으로부터 발전되어 간다"(27쪽).
만일 본문 속의 부차적인 것을 설교의 주된 포인트로 삼기를 원한다면, 본문을 짧게 줄임으로 해서 그 부차적인 내용을 주제로 삼을 수가 있을 것이다.

2. 어떤 학자들, 예를 들면 해돈 로빈슨 같은 학자들은 "주제"(theme)를 "주어"(subject)로 부르기도 한다. 내 경험을 통해 보면, 학생들 중에 설교상의 주어와 대부분의 경우 대명사로 되어 있는 문장내의 문법적인 주어를 혼동하는 사람들이 있다. 그래서 혼동이 되는 "주어"라는 표현을 없애고 덜 혼동이 되는 "주제"라는 표현을 쓰기로 했다. 주제라는 표현은 주제별 설교의 경우에도 잘 사용할 수 있는 표현이기도 하다. 본문적인 설교든, 주제별 설교든 설교의 주제는 하나다.
헨리 데이비스(Henry Grady Davis)는 Design for Preaching(필라델피아: 포트레스, 1958)에서 잘못된 주어 또는 주제에 대해 논하고 있다(제5장). 그는 그런 것들을 구체적이지 못한 주제, 혼동스러운 주제, 그리고 명사 주제 등으로 부른다. 그는 주어 또는 주제를 이렇게 정의한다.

      주어란 무엇인가?
          적어도: 얘기되어지고 있는 것
          항상: 지켜야 되는 한계
          혹은 그 이상: 얘기되어질 것에 대한 힌트
          최대한도로: 설교가 말하려고 하는 모든 것(58쪽)

3. 현대 감각에 맞도록 변환시키는 작업은 "액면 그대로"의 전환을 의미하지는 않는다. 어네스트 베스트는 그러한 해석법을 "직접 전환"(direct transference)이라고 부른다(From Text to Sermon: Responsible Use of the New Testament in Preaching). 그리고 잘못된 "액면 그대로"의 전환에 대한 적절한 예들을 들어 준다(57쪽). 아주 간단하게 말해서 성경 본래의 독자들과 현대의 독자들 사이의 상황은 결코 같을래야 같을 수가 없는 것이다. 개념들은 두 독자들 사이에 그 의미를 달리하게 마련이다. 똑같은 개념에 상응하는 것이 없을 수도 있다. 베스트는 양과 목자의 개념이 에스키모족에게는 전혀 없음을 지적하고 있다(베스트가 지적하는 또 다른 두 개의 문제점

은 우리 복음주의 신학과는 입장을 달리하는 데서 비롯된 것이기에 여기서는 다루지 않기로 한다). 아주 훌륭한 책으로서 우리가 해야 될 것들보다는 해서는 안 되는 것들에 대한 분명한 지침을 제공해 주고 있다.

해석학과 설교학에 대한 전문적인 지식에 관심이 있는 독자들을 위해 다음의 내용을 밝혀 둔다. 우리는 항상 "액면 그대로"의 전환을 주장할 수는 없다. 서신들과 같이 논술적인 본문의 경우에는 비서신의 본문보다는 "액면 그대로"의 전환이 훨씬 더 용이하다. 나는 역사적, 문법적 해석학에 근거해서 얻어진 "액면 그대로의 의미"를 중시한다. 그리고 역사적, 문법적 해석학에 철저하게 근거해서 세워진 설교학의 역동적 상응설을 주장하는 입장이다. 우리는 해석학적 전략과 설교학적 전략을 동일시하거나 혼동해서는 안 될 것이다.

제6단계: 설교의 구조

1. 아래의 과정을 통해 설교가 작성될 때에 설교의 통일성이 나타나며 유지될 수가 있다.

    - 설교의 통일성은 본문의 중심 명제를 통해 나타난다(제3단계).
    - 설교의 통일성은 설교의 목적을 통해 나타난다(제4단계).
    - 설교의 통일성은 설교의 중심 명제를 통해 나타난다(제5단계).
    - 설교의 통일성은 설교의 구조를 통해 나타난다(제6단계).
    - 설교의 통일성은 복습과 반복을 통해, 그리고 설교가 진행함에 따라 여기 저기서 설교의 중심 명제, 대지 또는 소지 등을 재선언하는 방법을 통해 나타난다(제6, 7단계).

2. 약 1세기 전에 헨리 워드 비처(Henry Ward Beecher, Yale Lecture on Preaching, 시카고: 필그림, 1900-1902)는 다양성의 필요에 대해 다음과 같이 말했다.

    설교를 할 때마다 설교를 듣는 사람들이 다 다르기 때문에, 지속적으로 다양한 방법을 사용하지 않고는 절대로 설교를 효과적으로 할 수 없게 된다. 그리고 단순히 사람들의 관심을 끌기 위해서가 아니라 도덕적인 가르침을 모든 사람들이 다 같은 마음의 통로를 통해 받아들이지 않기 때문이다(53쪽).

비처는 설교를 듣는 사람들을 아래와 같이 분류하였다.

    지적인 청중: 설교가 논리적이고 수학적일수록 더 좋아하는 사람들.
    감정적인 청중: 가슴을 자극하면 되는 사람들.
    미각적인 청중: 아름다운 스타일과 상상력에 매료되는 중에 설교의
        진리를 받아들이는 사람들.
    신비주의적인 청중: 설교의 내용이 좀 신비적이지 않고는 아무것도
        받아들이지 않는 사람들.

비처는 계속해서 자신의 설교학 학생들을 위해 어떻게 각기 다른 청중들에게 효과적으로 설교할 것인가에 대해 교훈하고 있다. 그의 생각을 충분히 반영해 주는 두세 개의 인용을 소개한다.

    호텔 주인은 자기가 좋아하는 것들을 손님들에게 내놓지 않는다. 그 동네 사람들 전체가 좋아하는 것들로 테이블 위를 채운다(55쪽).
    만일 사람이 순순한 지적인 호소만을 통해 구원을 받을 수가 있다면 그렇게 하면 된다. 만일 다른 사람들이 감정적인 호소를 요구한다면, 그렇게 해주면 된다. 또 다른 사람들이 상상력을 통해 진리를 쉽게 취득할 수 있다고 한다면, 그들에게 맞도록 설교를 하면 된다. 또 사실과 규칙에 근거한 설교를 요구하는 사람들이 있다면, 또 그들이 원하는 대로 해주면 된다. 하나님께서 사람들을 지으신 대로 거기에 맞게 해주면 된다. 설교를 함에 있어서 사용하는 보조 자료의 선택, 진리를 전달하는 방법론 등은 설교자 자신이 원하는 대로가 아니라 청중들이 원하는 방법을 따라가 줘야 한다(58-59쪽).
    설교자는 사람들의 본성을 이해하며 어떻게 하면 하나님의 진리를 가지고 그들의 마음을 사로잡을 것인가를 깨닫기까지는 아직 설교자로서의 책임을 다하지 못한 것이다(61쪽).

3. 이러한 특성들은 브로더스의 On the Preparation and Delivery of Sermons에서 발견된다(81쪽 이하).

4. 달리 말하면, 적용은 기본적인 두 개의 관련성을 다루는 것이다.
 "그 때에 그랬기에 — 그러므로 지금은"(긍정적)
 "그 때에는 그랬지만 — 그러나 지금은"(부정적)
 렌스키(R. C. H. Lenski)의 The Sermon: Its Homiletical Construction(그랜드 래피즈: 베이커, 1968), 288쪽.

5. 성경적 상담가들은 항상 "이제 나는"을 강조해 왔다. 제이 아담스는 Preaching with Purpose 에서 아주 적절한 표현들을 해주고 있다.

> 분명히 산상 수훈은 의도적으로 "어떻게 할 것인가?"에 대한 말씀들로 가득 채워져 있다. 왜 설교가들이 너무도 분명한 사실을 간과하고 있는 것일까? 아마도 설교가들은 변화의 중요성에 대한 인식이 상담가들보다 덜하기 때문일지 모른다. 당신의 설교가 효과적이기를 원한다면, 그리스도와 같이 "어떻게 할 것인가?"에 대한 지침을 확실히 주어야 할 것이다(129쪽).
>
> 전형적으로, 성경을 하나님 말씀이라고 믿는 설교가들은, 긍정적으로 "어떻게 해야 된다"든지, 아니면 부정적으로 "어떻게 해서는 안 된다"든지에 관해서는 말이 없었다. 성도들에게 무엇을 할 것인가에 대해서는 잘 얘기를 해주지만, 어떻게 해야 되는지에 대해서는 아주 빈약했다(138쪽).

6. 비처, 1권 171쪽. 에반스는 이미 오래 전에 같은 의견을 피력하고 있다: "설교자는 눈을 크게 뜨고 있어야 한다. 눈이 있지만 보지 못하고 귀가 있지만 듣지 못한다면, 이는 설교자에게는 아주 치명적이다." 윌리엄 에반스(William Evans), How to Prepare Sermons and Gospel Addresses(시카고: 콜포티지, 1913), 61쪽.

7. 예화의 정의는 예화와 성도들간의 공감이라는 면을 포함하고 있다. 비처는 예화를 "숨겨진 유추"라고 부른다. 모든 예화는 그 예화 속에서 사용되는 것들

과 성도들 사이의 친근감 위에 기초해야 한다. 우리가 무엇을 배울 때 그 상당 부분은 이미 알고 있는 것들에 연관을 시켜서 새로운 것들을 배워 가게 되는 것이다(1권 155쪽).

8. 해든 로빈슨(Biblical Preaching, 79-96)은 중심 명제와 각 대지들을 작성할 때에 꼭 물어야 되는 세 개의 "발전적 질문"들을 제시해 주고 있다. 도움이 많이 되는 질문들이다: 1. "그것이 의미하는 바가 무엇인가?" 2. "그것이 사실인가?" 3. "그래서?" 이 질문들은 설교의 어느 부분에서 예화를 쓸 것인가를 결정하는 데에도 사용할 수 있다.

9. 결론에 관한 이 부분은 저자의 글에서 발췌한 것이다. Leadership Handbooks of Practical Theology, vol. 1: Word and Worship, James D. Berkley(그랜드 래피즈: 베이커, 1992의 "결론"란, 94-95쪽.

10. 밀튼 크럼 2세는 아래와 같은 두 개의 형태로 정리가 필요하다고 본다. 정리는 설교의 내용들을 제시된 순서에 따라 둘 또는 세 개의 부분들로 요약해 주는 부분이다. 일반적으로 아래와 같은 두 개의 형태를 갖게 된다.

        1. 상황 - 혼란
        2. 해결

        또는

        1. 상황
        2. 혼란
        3. 해결

어느 경우이든 결론은 해결의 과정이다. Manual on Preaching: A New Process of Sermon Development(윌튼, 코네티컷: 모어하우스-발로, 1988), 88쪽.

제7단계: 설교의 선포

1. 글로 옮겨 쓰여진 설교는 그 질에 있어서 즉흥적인 설교와 분명한 차이를 갖게 된다. "즉흥적인 설교란 결국 준비 없는 설교를 의미한다. 물론 적절한 준비가 이루어지지 못한 설교와는 구별이 되어야 한다." 프라우드푸트(J. J. A. Proudfoot)의 Systematic Homiletics(뉴욕: 플레밍 H. 레블, 1903), 300쪽. 적절한 설교의 준비란 설교 내용을 글로 옮기는 것까지 포함한다.

2. 달라스 신학 대학원에서 추천하는 책들 중의 일부를 소개한다. 수 니콜스 (Sue Nichols), Words on Target(리치몬드: 존 녹스 프레스, 1963); 듀앤 리프틴(A. Duane Liftin), Public Speaking: A Handbook for Christians, 2판(그랜드 래피즈: 베이커, 1992); 레그 그랜트와 존 리드 (Reg Grant and John Reed), Telling Stories to Touch the Heart(위튼: 빅터, 1991).

3. 블랙우드에 의하면, "설교의 문학적인 스타일에 대한 세 개의 테스트"는 선명성, 흥미 그리고 아름다움이라고 한다(Expository Preaching for Today [내쉬빌: 애빙던, 1953], 49쪽). 본 저자의 견해로는 효과적인 설교에 있어서 흥미와 아름다움은 스타일이라고 하는 날카로운 면도날의 양쪽면이라고 생각을 한다.

4. 혹시 잊어버릴 때를 대비해서 반쪽 짜리 종이에 요약한 것을 성경 갈피에 끼어 가지고 올라갈 수도 있을 것이다. 그러나 이 책에서 소개된 일곱 단계를 다 거치고 나면, 이러한 일이 불필요하다는 것을 곧 깨닫게 될 것이다. 다시 말하지만, 어떠한 경우에도 원고에 의존해서는 안 된다. 훌륭한 성악가가 악보를 놓고 노래를 부르기를, 또는 훌륭한 배우가 연기 도중에 각본을 봐 가면서 연기를 하기를 기대하는가? 원고에 의존하는 설교를 하다 보면 설교 전체의 분위기를 망쳐 버리게 된다.

5. 설교할 때에, "만일 성도들이 앉아 있는 자리에 지금 내가 앉아서 설교를 듣고 있다면 어떻겠는가?"에 대한 질문을 해보는 것이 좋을 것이다. 이 질문은 결국 성도들이 설교자를 향해 갖고 있는 태도와 직결되는 질문이기도 하다.

성도들은 설교하는 당신의 능력, 본을 보이는 것, 친근감, 신뢰도, 열심, 설교하는 모습 등에 대해 측정을 하고 있다. 이런 것들은 결국 설교자의 신용도의 모든 측면을 반영해 주는 것이다. 설교를 전달하는 자세가 설교자를 향한 성도들의 자세에 영향을 미치게 될 것이다.

6. 정확한 발음에 대해 스펄전의 말을 들어 보자: "각 단어에 적절한 관심을 보여줘야 한다. 당신의 열정 때문에 단어의 등을 부서뜨려서는 안 된다. 서둘러 말하다가 단어의 다리를 잘라버려서도 안 된다." Spurgeon's Lectures to His Students, 풀러(D. O. Fuller)의 요약판(그랜드 래피즈: 존더반, 1955), 93쪽.

부록 4

1. 원리화에 대한 주의깊고도 잘 설명된 접근을 위해서는 티모시 워렌(Timothy Warren)의 "A Paradigm for Preaching". Bibliotheca Sacra, 48(Oct.-Dec. 1991): 463-860을 참조하라.

삶을 변화시키는 7단계 강해설교 준비

1쇄 발행 1998년 1월 20일
10쇄 발행 2022년 3월 25일

지은이 라메쉬 리처드
옮긴이 정현
펴낸이 고종율

펴낸곳 주)도서출판 디모데〈파이디온선교회 출판 사역 기관〉
등록 2005년 6월 16일 제 319-2005-24호
주소 서울특별시 서초구 서초대로 141-25(방배동, 세일빌딩)
전화 마케팅실 070) 4018-4141
팩스 마케팅실 031) 902-7795
홈페이지 www.timothybook.com

값 8,000원
ISBN 978-89-388-1531-6 (03230)
ⓒ 1998 도서출판 디모데 All rights reserved. 〈Printed in Korea〉